अलख आज़ादी की

अलख आज़ादी की

सुशील कुमार सिंह

वाणी प्रकाशन

पत्र-व्यवहार का पता
ई-45, महानगर विस्तार
लखनऊ

स्थायी पता
35/67, बंगालीमोहाल
कानपुर

वाणी प्रकाशन
4695, 21-ए, दरियागंज, नयी दिल्ली 110 002
शाखा
अशोक राजपथ, पटना 800 004
फ़ोन : +91 11 23273167 फ़ैक्स : +91 11 23275710
www.vaniprakashan.in
vaniprakashan@gmail.com
sales@vaniprakashan.in

ALAKH AZADI KI
by Sushil Kumar Singh

ISBN : 978-81-7055-632-9
Play

संस्करण 2006, 2007, 2012, 2013, 2016
आवृत्ति 2018

मूल्य : ₹ 75

एम. एस. प्रिंटर्स, दिल्ली-110 095 में मुद्रित

वाणी प्रकाशन का लोगो मक़बूल फ़िदा हुसेन की कूची से

परमपूजनीय, प्रातःस्मरणीय
मेरे बाबा
स्व. श्री रामरतनजी
जिन्होंने मुझे लिखने-पढ़ने की
समझ दी, अभिरुचि दी, संस्कार दिए,
को सादर समर्पित।

अलख आज़ादी की

आज़ादी की स्वर्ण जयन्ती वर्ष पर भारतेन्दु रंगमण्डल द्वारा विशेष रूप से तैयार कराया गया नाटक 'अलख आज़ादी की' लखनऊ, कानपुर, आगरा, मेरठ, सहारनपुर, झाँसी, प्रतापगढ़, गाजियाबाद आदि उत्तर प्रदेश के विभिन्न नगरों में लगभग पन्द्रह बार मंचित किया जा चुका है और हर बार इसे दर्शकों की अपार प्रशंसा मिली। समाचार-पत्रों ने खुले मन से इसकी सराहना की। प्रस्तुत हैं कुछ समाचार-पत्रों की प्रतिक्रियाएँ :

प्रतिक्रियाएँ : समाचार-पत्रों की

- सम्पूर्ण कालखंड का परिचय देता नाटक 'अलख आज़ादी की'...दो ढाई सौ वर्षों के इतिहास को एक छोटे से नाटक की शक्ल में मंच पर उतारना कठिन काम है। यह चुनौती स्वीकार की, चर्चित नाटककार सुशील कुमार सिंह ने। ...भारत की संपन्नता से आकृष्ट विदेशियों का आगमन और व्यापार करने की अनुमति लेकर समूचे देश के शासक बन जाने की दास्तान को नाटक में तर्कसंगत ढंग से कहा गया। गुलामी की जंज़ीरों से मुक्त होने की छटपटाहट और संघर्ष को भी संवेदनशीलता से संजोया गया। देश के विभाजन की त्रासदी के साथ प्राप्त स्वतंत्रता का उल्लास नाटक में है तो भविष्य के प्रति चेतावनी भी है। विषय के स्तर पर देखा जाए तो नाटक गागर में सागर है।

  —हिन्दुस्तान, 27 अगस्त '97, लखनऊ

- 'अलख आज़ादी की' नाटक में स्वतंत्रता संग्राम का चित्रण।...अंग्रेजों का हिन्दुस्तान पर कब्जा, यहाँ के नागरिकों का उत्पीड़न, बेगुनाहों पर लाठी चार्ज और गोलियाँ, आज़ादी के लिए क्रान्तिकारियों का संघर्ष, हिन्दुस्तान का बँटवारा और बँटवारे के बाद इंसानी दिलों से निकली कराहें। सब कुछ बड़ा सजीव, आत्मा को झकझोर देनेवाला।

...सुशील कुमार सिंह द्वारा लिखित एवं योगेश पंत द्वारा निर्देशित 'अलख आज़ादी की' ने आज राजधानीवासियों को झकझोर कर रख दिया। नाटक के अंत में छोड़े गए एक प्रश्न, हिन्दुओं के लिए हिन्दुस्तान और मुसलमानों के लिए पाकिस्तान तो बन गया लेकिन कोई बताए इन्सानों का कौन-सा देश है? ने साम्प्रदायिकता की आग में जल रहे देश के नागरिकों के लिए इसे महज एक नाटक ही नहीं रहने दिया। इस सवाल ने लोगों को सोचने के लिए विवश किया।

—राष्ट्रीय सहारा, 27 अगस्त '97, लखनऊ

- 'अलख आज़ादी की' सशक्त प्रस्तुति ने दर्शकों को बाँधे रखा।...एक इतिहास को नाटक का स्वरूप देना और उसे मंच पर प्रस्तुत करना, जिसमें उसका मूलरूप भी संप्रेषित हो सके, साथ ही नाटक की शैली भी प्रभावित न हो। निश्चय ही दोनों चीजों को बनाए रखना और उसमें जीवंतता प्रदान करना एक चुनौती है।...सुशील कुमार सिंह लिखित तथा योगेश पंत द्वारा निर्देशित इस नाटक में अंग्रेजों के शासन के पूर्व से लेकर आज़ादी मिलने तक की तमाम ऐतिहासिक घटनाओं को चाहे वह मुगल बादशाहों के समय की हो या फिर रानी लक्ष्मीबाई, मंगलपाण्डे का विद्रोह या फिर गाँधीजी के असहयोग आंदोलन की बात हो सभी प्रसंगों को बहुत ही अच्छे ढंग से मंचित किया गया।

  —स्वतंत्र भारत, 27 अगस्त '97, लखनऊ

- Portraying a history...'Alakh Azadi Ki' a panorama of the freedom movement by Bhartendu Natya Academy Rangmandal does deserves kudos. The play written by Sushil Kumar Singh and directed by Yogesh Pant is an effort in all sincerity to portray history from 17th century till the time the country was set free from the British Yoke also, it has a punchline that in the 20th century, we have to be a lot more careful with the coming in of the multinationals and their evincing a keen interest in virtually everything that India has the East India Company also has initially come for trade but later ruled over the nation for such a long time.

  —The Times of India, 27th Aug. '97, Lucknow.

- 'अलख आज़ादी की' एक सफल मंचन।...कहावत है राग, साग और पागड़ी कभी-कभी ही बनती है। और यह कहावत 'अलख आज़ादी की' जैसे नाटक पर पूरी तरह खरी उतरती है। सशक्त नाट्यलेख

को आवश्यकतानुसार विभिन्न शैलियों में बाँध कर निर्देशक ने मंच पर उकेरा था, मानो तीन सौ से अधिक वर्षों का पूरा इतिहास ही जीवंत हो उठा।

—कुबेर टाइम्स, 28 अगस्त '97, लखनऊ

- 'अलख आज़ादी की' ने दिया अहम संदेश।...लेखक ने अपने पैने लेखन से यह संदेश देने का प्रयास किया कि आज़ादी को बरकरार रखना एक बड़ी बात है। चारों ओर भ्रष्टाचार और घोटालों में डूबे नेताओं, नौकरशाहों के भरोसे देश किस करवट बैठेगा? उन्होंने बहुराष्ट्रीय कंपनियों को आमंत्रित करने के प्रश्न को ईस्ट इंडिया कंपनी और तमाम यूरोपिक चरित्र से जोड़ा।

—अमर उजाला, 27 अगस्त '97, लखनऊ

- 'अलख आज़ादी की' मौजूदा हालात पर चिन्ता।...अंग्रेज़ हुक्मरानों के खिलाफ़ हिन्दुस्तानियों की जंग-ए-आज़ादी, कुर्बानियों और संघर्षों को दृश्य-दर-दृश्य बड़ी संवेदनशीलता के साथ निर्देशक योगेश पंत ने 'अलख आज़ादी की' में प्रस्तुत किया।

—दैनिक जागरण, 4 सितंबर '97, कानपुर

- सोने की चिड़िया है भारत, किस्सा ये मशहूर था।...'अलख आज़ादी की' नाटक काफी प्रभावशाली रहा। देश के गुलाम होने की पृष्ठभूमि से आज़ादी मिलने तक की कहानी को मंच पर कर दिखाया गया। ...नाटक में इस बात का भी एहसास कराया गया कि हम पुनः गुलामी की ओर बढ़ रहे हैं। अंतर इतना है कि पहले भौगोलिक सीमाओं को लेकर परतंत्रता थी और अब आर्थिक।

--हिन्दुस्तान, 4 सितम्बर '97, कानपुर

- 'अलख आज़ादी की'...भारत के पुराने गौरव की याद दिला गया।

—अमर उजाला, 4 सितम्बर '97, कानपुर

- गुलामी की जंजीरें तोड़ने की कहानी बता गया नाटक 'अलख आज़ादी की'।

—स्वतंत्र भारत, 4 सितम्बर '97, कानपुर

- नाटक में रंगमंच के मानकों की प्रेरणादायक अनुभूति हुई।

—राष्ट्रीय सहारा, 4 सितम्बर '97, कानपुर

- रंगमंच को नई दिशा दे गया, 'अलख आज़ादी की' का मंचन।

—अमर उजाला, 13 सितम्बर '97, सहारनपुर

- 'अलख आज़ादी की' सशक्त प्रस्तुति। भ्रष्टाचार, घोटालों व बहुराष्ट्रीय कंपनियों पर तीखी चोट।

—अमर उजाला, 10 सितम्बर '97, मेरठ

- नाटक 'अलख आज़ादी की' से सजीव हुआ भारत के चार सौ वर्षों का इतिहास।

—दैनिक जागरण, 10 सितम्बर '97, मेरठ

'अलख आज़ादी की' नाटककार की कलम से

16वीं और 17वीं सदी के इंगलिस्तान की हालत बयान करते हुए प्रसिद्ध इतिहासकार ड्रेपर लिखता है :

"लंदन में मकान अधिकतर लकड़ी और प्लास्टर के होते थे, गलियाँ इतनी गंदी होती थीं कि बयान नहीं किया जा सकता। शाम होने के बाद डर के मारे कोई अपने घर से नहीं निकलता था, क्योंकि जो चाहे, अपने ऊपर के कमरे से खिड़की खोलकर गंदा पानी नीचे फेंक देता था।...लंदन की गलियों में लालटेनों का कहीं निशान न था। उच्च श्रेणी के लोगों में सदाचार की आमतौर पर यह हालत थी कि यदि कोई भी मनुष्य मरता था, तो लोग यही समझते थे कि किसी ने जहर देकर मार डाला होगा।...सारे देश में दुराचार की बाढ़ आई हुई थी।...जिस तेजी से 'गरमी की बीमारी' उन दिनों तमाम यूरोप में फैली थी उससे विवाहित, या अविवाहित, ईसाई, पादरी या मामूली गृहस्थ, पोप लियो दसवें से लेकर गली के भिखमंगे कोई भी वर्ग ऐसा न था जो इस रोग से बचा हो।"

हमें याद रखना चाहिए कि यह वह जमाना था जब हिंदोस्तान में कबीर और दादू के उदार धार्मिक विचार, अकबर का विश्वप्रेम, जहाँगीर का न्याय शासन, शाहजहाँ के समय की खुशहाली और आश्चर्यजनक कला कौशल, शिल्प संसार भर के यात्रियों को चकाचौंध कर रहे थे। भारत में दर्जनों नगर सुंदर इमारतों से सुसज्जित और अत्यंत घने बसे हुए थे। दिल्ली और आगरे के किले तथा ताजमहल जैसी इमारतें भी बन चुकी थीं। औरंगजेब तक के शासनकाल में देश के पूरब से पश्चिम और दक्षिण से उत्तर तक प्रजा में चारों ओर सुख, समृद्धि और सुशासन दिखाई देता था। हिंदुस्तान का यही वैभव उस समय के भूखे और अर्द्ध सभ्य अंग्रेजों को यहाँ तक खींच कर लाया था और ईस्ट इंडिया जैसी कंपनी बनी थी।

और अब ईस्ट इंडिया कंपनी पर एक नज़र। प्रसिद्ध अंग्रेज़ तत्त्ववेत्ता हर्बर्ट स्पेंसर सन् 1851 में करीब सौ साल के ईस्ट इंडिया कंपनी के भारतीय शासन

का सिंहावलोकन करते हुए लिखता है :

"भारत के आंतरिक व्यापार में जो बड़ी-बड़ी पूंजियाँ कमाई गई हैं वे इतने जबरदस्त अन्यायों और अत्याचारों द्वारा प्राप्त की गई हैं जिनसे बढ़कर अन्याय व अत्याचार कभी किसी देश या किसी ज़माने में नहीं सुने गए।"

...वारेन हेस्टिंग्ज अपनी किसी यात्रा को बयान करते हुए लिखता है, "हमारे पहुँचते ही अधिकांश लोग छोटे-छोटे कस्बों और सरायों को छोड़कर भाग जाते थे।"

इन अंग्रेज़ अधिकारियों की नीति ही देशवासियों के साथ दग़ा करना थी।

दरअसल यूरोपियनों का चरित्र ही यही था--पहले व्यापार की इजाजत, फिर कोठी, कोठी से किला और फौजें। पुर्तगालियों, अंग्रेज़ों, फ्रांसीसियों या डच सबने यही किया। अंग्रेज़ सबके उस्ताद निकले उन्होंने व्यापार करते-करते पूरे देश पर ही कब्जा कर लिया और उनकी गुलामी से मुक्ति पाने में लगभग दो सौ साल लग गए। देश की सुख-समृद्धि सात समुंदर पार पहुँच गई। हजारों-लाखों लोगों को अपनी जान गँवानी पड़ी, देश को आज़ाद कराने के लिए। काला पानी की सज़ा और फाँसी के फंदों पर झूलना पड़ा। क्रान्तिकारियों, सत्याग्रहियों और स्वराजियों के संघर्ष का लंबा इतिहास है। देश को दो टुकड़ों में बाँट दिए जाने की त्रासदी है।

आज़ादी की इतनी बड़ी कीमत चुकाने के बाद इस आज़ादी को सम्हाल कर रखना एक बड़ा काम है। आकंठ भ्रष्टाचार और घपले-घोटाले में डूबे नेताओं-नौकरशाहों के भरोसे क्या यह संभव होगा? बहुराष्ट्रीय कंपनियों को आमंत्रित करते समय हमें ईस्ट इंडिया कंपनी और तमाम योरोपियनों के मूल चरित्र को भूल नहीं जाना चाहिए।

'अलख आज़ादी की' एक बहुपात्रीय एवं बहुदृश्यी नाटक है। यह स्वाभाविक भी है क्योंकि लगभग चार सौ साल के कालक्रम को आधार बना कर यह नाटक लिखा गया है।

कुछ निर्देशकों, रंगकर्मियों अथवा नाट्य-संस्थानों को यह नाटक मंचन की दृष्टि से बहुपात्रीय तथा बहुदृश्यीय होने के कारण असुविधाजनक लग सकता है किंतु वास्तव में ऐसा है नहीं।

भारतेंदु नाट्य अकादमी रंगमण्डल के निर्देशक श्री योगेश पंत मात्र बीस-पच्चीस कलाकारों के साथ एक ही सेट (दृश्यबंध) पर इस नाटक के अब तक विभिन्न नगरों में दस-बारह प्रदर्शन कर चुके हैं और प्रत्येक प्रदर्शन की समाचारपत्रों ने निस्संकोच प्रशंसा की है।

वैसे तो प्रत्येक निर्देशक अपने-अपने साधन, सुविधाओं तथा अवधारणा या व्याख्या के अनुरूप किसी नाटक की दृश्य परिकल्पना करता है किंतु इस नाटक के दृश्यबंध (सेट) के संबंध में निम्नलिखित टिप्पणी शायद सहायक हो।

दृश्य बंध (सेट)

1. इस नाटक में सेट का होना कोई बाध्यता नहीं है अर्थात् यदि कोई भी सेट न हो तो भी नाटक का मंचन प्रभावशाली ढंग से किया जा सकता है।
2. कुछ एक ब्लाक्स और साइक पर कल्पनाशील रंगदीपन के प्रयोग से भी प्रस्तुति जीवंत हो सकती है।
3. भव्य प्रस्तुति के लिए मंच के पृष्ठ भाग में साइक्लोरामा (सफेद पर्दा या स्क्रीन)।

   साइक के पीछे भी पर्याप्त स्थान हो तो आवश्यकतानुसार छापा नाटक (शैडो प्ले) तकनीक के प्रयोग से इस नाटक के कई दृश्यों को अत्यंत प्रभावशाली बनाया जा सकता है।

   मंच के पृष्ठ और मध्य भाग में विभिन्न लेबिल्स अर्थात् भिन्न-भिन्न ऊँचाइयों के प्लेटफार्म्स, सीढ़ियों और रैम्प्स (ढलान) के संयोजन वाला दृश्य बंध। जिसका इस्तेमाल नाटक के दृश्यों के अनुकूल अलग-अलग स्थलों (लोकेशंस) के लिए किया जा सके तथा सम्पूर्ण दृश्य बंध नाटक के मूल तत्त्व या कथ्य को प्रतिबिंबित कर सके। मंच सामग्री भी प्रतीकात्मक अथवा आभासात्मक होना ही व्यावहारिक होगा।

कलाकार

प्रमुख चरित्रों जैसे लेखिका, निर्देशक, विदूषक, मुख्य गायक और गायिका जो नाटक में प्रारंभ से अंत तक हैं, को छोड़कर अन्य चरित्र कालक्रम के अनुसार एक या दो दृश्यों के लिए ही सामने आते हैं अतः एक कलाकार मामूली से रूप और वस्त्र परिवर्तन से कई-कई भूमिकाएँ निभा सकता है। आवश्यकता सिर्फ इस बात की है कि अच्छी तरह से 'वर्कआउट' करके एक कलाकार को इस प्रकार भूमिकाएँ दी जाएँ, कि रूप और वस्त्र परिवर्तन हेतु पर्याप्त समय मिल सके।

कुल मिलाकर यह नाटक साधन और सुविधाओं के अनुसार बड़े कैनवास पर भी किया जा सकता है और छोटे पर भी। यानी कि डेढ़ दो सौ कलाकारों और भारी-ताम-झाम तथा भव्य सेट के साथ भी किया जा सकता है और मात्र बीस-पच्चीस या इससे भी कम कलाकारों के साथ सीमित सेट या बिना सेट

के भी किया जा सकता है।

अंततः किसी भी नाटक की प्रस्तुति में मूल तत्त्व या कथ्य ही महत्त्वपूर्ण होता है और यदि यह सशक्त ढंग से उभर कर दर्शकों तक संप्रेषित हो रहा है तो किसी भी अतिरिक्त उपादान की आवश्यकता नहीं है।

मेरा यह अनुभव है कि प्रकाश, दृश्य बंध वेषभूसा, और मंच सामग्री आदि मात्र सजावटी उपकरण या साधन हैं। वास्तविक साधना गहरी निर्देशकीय सूझ-बूझ और समझदार अभिनेताओं/अभिनेत्रियों के कुशल संयोजन से पूर्ण प्रस्तुति में छुपी है किंतु कहने को सशक्त कथ्य तो होना ही चाहिए।

कुछ अंतरंग बातें इस नाटक के लेखन और प्रस्तुति के संबंध में अवश्य कहना चाहूँगा। नहीं कहूँगा तो मन में टीस तो रहेगी ही साथ ही प्रबुद्ध पाठकों को इस बात से वंचित करने का अपराधी बनने की हीन भावना से भी ग्रस्त रहूँगा कि एक नाटक को रचनात्मक स्तर पर कलम से उतारकर मंच तक पहुँचाने में किन-किन बाधा-व्यवधानों और अंतः संघर्ष से गुजरना होता है।

भारतेंदु नाट्य अकादमी, रंगमंडल, लखनऊ के रंगमंडल प्रमुख और राष्ट्रीय नाट्य-विद्यालय के मेरे कनिष्ठ साथी-मित्र श्री योगेश पंत मुझसे काफी दिनों से देश के स्वतंत्रता संग्राम पर नाटक लिखने को कह रहे थे। यहाँ तक कि उन्होंने मंचन की संभावित तिथि भी निश्चित कर दी थी किंतु प्रारंभ में मैंने उनके इस प्रस्ताव को गंभीरता से नहीं लिया था किंतु रंगमंडल में ही वर्ष 1997-98 के कलाकारों के साक्षात्कार के समय, जिसमें वरिष्ठ रंगकर्मी एवं निर्देशक श्री बी.एम. शाह एवं साहित्य कला परिषद के सचिव एवं वरिष्ठ रंगकर्मी श्री शेखर वैष्णवी के साथ मैं भी चयन कर्त्ताओं के पैनल का एक सदस्य था, मुझसे संस्कृति विभाग के भू.पू. निदेशक डॉ. अनूप चंद्र पाण्डेय ने बताया कि संस्कृति विभाग द्वारा स्वर्ण जयंती वर्ष के लिए प्रस्तुत किए जानेवाले नाटकों की शृंखला में सबसे पहले मेरा ही नाटक होगा, लखनऊ में दिनांक 25-26 अगस्त '97 को, तो एकबारगी मेरे पाँव तले से ज़मीन खिसक गई। प्रतिक्रियास्वरूप चेहरे पर कृत्रिम मुस्कान लिए स्वीकृति में सिर हिलाने के अलावा मेरे पास कोई चारा नहीं था। योगेश पंत मुझ पर अलग दबाव बनाए हुए थे कि मैं उन्हें जल्दी स्क्रिप्ट दे दूँ ताकि वह पूर्वाभ्यास प्रारंभ कर सकें। जब कि मैं अब तक टाल-मटोल ही करता आ रहा था। प्रदर्शन की तिथियाँ निश्चित हो जाने की बात सुनकर मुझे लगा मामला सचमुच गंभीर हो गया है। वह शायद जून '97 का तीसरा या चौथा सप्ताह था और समय बहुत कम। मेरी पोस्टिंग बरेली दूरदर्शन में थी। सोमवार को सुबह जाता और शुक्रवार की रात लखनऊ वापस आता। एक जगह टिककर लेखन कार्य करने की स्थिति में नहीं था। साथ ही

मन में कोई ख़ाका भी नहीं था कि क्या लिखना है, कैसे लिखना है। स्वतंत्रता संग्राम का लम्बा इतिहास है। संघर्ष और बलिदान की गाथाओं के किन पन्नों को चुनूँ कुछ भी स्पष्ट नहीं था। योगेश चाहते थे, एपीसोडिक नाटक लिखूँ ब्रेख़्त की शैली में, जिसमें लोक नाट्य के तत्त्व...गीत संगीत हो, कुछ पारम्परिक पात्र हों...बढ़िया क्राउड सींस हो कुल मिला प्रस्तुति भव्य हो...यादगार हो। मेरी समस्या थी, 'कॉण्टेण्ट' क्या हो? इतिहास से मैं अपरिचित नहीं हूँ। विज्ञान का स्नातक होने के बावजूद बचपन से ही मेरी रुचि इतिहास में रही है और जब भी मेरे हाथ इस विषय की कोई भी पुस्तक आई मैंने उसे बहुत रुचि से पढ़ा। प्रस्तर युग से लेकर आधुनिक युग तक भारत का इतिहास मैं बहुत ही कम उम्र में पढ़ चुका था इसके अलावा प्रथम विश्वयुद्ध, द्वितीय विश्वयुद्ध, यूरोप का इतिहास, फ्रांस की क्रांति, रूस की ज़ारशाही का अंत और न जाने क्या-क्या। कहना न होगा कि भारत की गुलामी और उसके स्वतंत्रता संग्राम के लम्बे इतिहास से भी मैं अपरिचित नहीं हूँ। लेकिन सवाल वही इस सबको या इसके किसी हिस्से को नाटक में कैसे बाँधा जाए? रंगमंच में संभावनाएँ भी खूब हैं पर सीमाएँ भी अपनी जगह कम नहीं हैं। रंगमंच से बचपन से ही जुड़ा हूँ। साथ ही राष्ट्रीय नाट्य-विद्यालय से विधिवत् निर्देशन का प्रशिक्षण भी प्राप्त किया है अतः इसकी संभावनाओं और सीमाओं से भली-भाँति परिचित हूँ। इस सबके बावजूद कोई साफ तस्वीर बन नहीं पा रही थी न कथ्य के स्तर पर और न शिल्प के स्तर पर।

संयोग की बात है इसी बीच श्री सुंदर लाल की पुस्तक 'भारत में अंग्रेजी राज' पहला भाग मेरे हाथ लगी। यह पुस्तक अंग्रेज़ों की गुलामी के अंतिम दौर में लिखी गई थी और अंग्रेज़ी हुकूमत द्वारा प्रकाशन से पूर्व ही प्रतिबंधित कर दी गई थी। मुझे यह पुस्तक अद्भुत लगी। इसमें 16वीं शताब्दी के भारत और ब्रिटेन का तुलनात्मक अध्ययन, अंग्रेज़ और अन्य यूरोपियन जातियों की लुटेरी प्रवृत्ति, भारत में विदेशी हमले, अंग्रेज़ों द्वारा छल-कपट द्वारा भारत पर कब्जा और उसकी संपदा का दोहन, अत्याचार, शोषण आदि जिस तरह अंग्रेज़ और यूरोपियन इतिहासकारों के ही दस्तावेजों के साथ प्रमाणपूर्वक लिखा गया है उसने मुझे अपने नाटक का कथ्य तय करने में एक नई दिशा...नई दृष्टि दी। मुझे लगा सिर्फ भारत के स्वतंत्रता संग्राम को ही नाटक का आधार बनाना पर्याप्त नहीं होगा। बल्कि मुझे उन कारणों को भी रेखांकित करना होगा जिनकी वजह से भारत जैसा सभ्य, सुसंस्कृत और समृद्ध राष्ट्र एक तत्कालीन अर्ध सभ्य तथा लुटेरी यूरोपियन कौम का गुलाम बना। साथ ही स्वतंत्रता के लम्बे इतिहास की प्रमुख घटनाओं को संजोते हुए देश को मिली आज़ादी के उपहार के साथ विभाजन की जो त्रासदी झेलनी पड़ी उसे भी ध्यान में रखना होगा और स्वतंत्रता

प्राप्त होने के पचास वर्ष पूरे होते-होते, जिस प्रकार पूरा देश भ्रष्टाचार, घपला-घोटाला राजनीतिक निरंकुशता, माफ़िया-उग्रवाद, जातिवाद, नैतिक अवमूल्यन आदि के बदबूदार गटर में जा घुसा है, उस पर भी एक सजग नाटककार के नाते प्रहार करना होगा तथा कुख्यात ईस्ट इंडिया कम्पनी की ही तर्ज पर भारत में जड़ें जमाती बहुराष्ट्रीय कम्पनियों को अतीत से सबक सीखते हुए, सिर-माथे पे बिठाना बंद करना होगा। यह चेतावनी भी देनी होगी।

इतनी सारी बातों के ज़हन में आते ही नाटक का फार्म या शिल्प भी आकार लेने लगा। पात्र स्वयं ही कलम से उतरते गए और नाटक आगे बढ़ने लगा। गायक, गायिका तथा विदूषक के साथ लेखिका और निर्देशक को भी शामिल करने का उद्देश्य, बौद्धिक एवं तकनीकी सामंजस्य से नाटक को रोचक तथा गतिपूर्ण बनाना तो है ही, इस नाट्य-प्रयोग को विस्तार देना भी है जिसमें अनेक रंग-संभावनाएँ छुपी हैं। लेखिका को छोड़, ये पात्र यानी गायक, गायिका, विदूषक और निर्देशक अपने वर्तमान चरित्रों के अतिरिक्त आवश्यकतानुसार अन्य पात्रों का अभिनय भी करते हैं।

नाटक की संपूर्ण स्क्रिप्ट एक साथ मैंने योगेश को नहीं दी। शुरू में लगभग तीस-चालीस पन्ने देकर पूर्वाभ्यास प्रारंभ करने के लिए आग्रह किया। मैंने कहा तुम काम शुरू करो मैं आगे के सीन देता जाऊँगा। दुविधा में रहते हुए भी समय की कमी के कारण मेरे आग्रह को स्वीकार किया योगेश ने। इस पहली किस्त से नाटक का शिल्प स्पष्ट हो चला था। हर सप्ताह मैं बरेली से कुछ आगे के सीन लिखकर लाता और शनिवार या रविवार को उसे सौंप देता। अंतिम दृश्य योगेश के सामने बी.एन.ए. रिपर्टी में उसके कार्यालय कक्ष में ही लिखा। पूर्वाभ्यास में आनेवाली समस्याओं पर भी हम चर्चा करते रहे और कई दृश्यों में मैंने योगेश के सुझाव पर परिवर्तन भी किए। समूचे नाटक का पूर्वाभ्यास देखने पर मुझे संतोष हुआ। कलाकारों ने मेहनत की थी और योगेश ने अपनी निर्देशकीय सूझ-बूझ और क्षमता का परिचय दिया था।

दिनांक 25 एवं 26 अगस्त '97 को लखनऊ के गन्ना संस्थान प्रेक्षागार में 'अलख आज़ादी की' के प्रथम दो प्रदर्शन हुए। दर्शकों, रंगकर्मियों एवं समाचार-पत्रों ने मुक्त कंठ से नाटक की प्रशंसा की तो मुझे लगा हम सबकी मेहनत सार्थक हुई। इसी क्रम में इस नाटक के प्रदर्शन कानपुर, झाँसी, आगरा, मेरठ, सहारनपुर, प्रतापगढ़, गाजियाबाद आदि में भी हुए और हर जगह इसे बेहद पसंद किया गया। ऐसा बहुत कम होता है कि सभी जगह विभिन्न समाचार-पत्रों की प्रतिक्रिया एक जैसी हो।

रंगमंच के माध्यम से इतिहास...भारत के स्वतंत्रता संग्राम के इतिहास का यह अभिनव प्रयोग है ऐसा मैंने स्वयं भी महसूस किया और विभिन्न नगरों में

पात्र

गायक
गायिका
विदूषक
निर्देशक
लेखिका
विदेशी
शराबखाने का मालिक
वेट्रेस
नाविक
व्यापारी
समुद्री लुटेरे
फ्रान्सिस ड्रेक
बोर्ड आफ डायरेक्टर्स के सदस्य
सम्राट जहाँगीर
कप्तान हाकिन्स
वज़ीर
पुर्तगाली प्रतिनिधि
बहादुरशाह जफ़र
पुर्तगाली, अरब फ्रान्सीसी व्यापारी
अंग्रेज सौदागर
औरंगज़ेब
सिपाही, किसान, जुलाहे, ग्रामीण, चौकीदार
विभिन्न राजनैतिक विचारधारा के लोग
हॉकर
नेता, भीड़, जनरल डायर, हथियारबंद सिपाही
बूढ़ी औरत, आंदोलनकारी भीड़

अलख आज़ादी की

दृश्य : एक

[गायक मंडली के कलाकार जहाँ-तहाँ बैठे-पसरे बीड़ी फूँक रहे हैं या सुर्ती मल रहे हैं।
मंडली का प्रमुख गायक अलग कोने में बैठा दातून कर रहा है।
मंडली की प्रमुख गायिका सुंदर बाई हल्दी चंदन का उबटन चेहरे पर मलती हुई कोई गीत गुनगुना रही है।
विदूषक एक ओर हारमोनियम पर चेंपो-चेंपो कर रहा है।
नाटक का निर्देशक बौखलाया-सा मंच पर आता है साथ में लेखिकाजी भी हैं। गायक मंडली को इस हाल में देख निर्देशक का पारा चढ़ जाता है।]

निर्देशक : चोऽऽप...चोऽऽप...अबे एई विदूषक की औलाद! बन्द कर ये चेंपो-चेंपो।

विदूषक : **(अपनी ही धुन में)** मैं तो देस राग ढूँढ़ रहा था श्रीमान **(अलाप लेते हुए)** हाँऽऽऽ...गूँगे बनकर...देऽऽस राग...देऽऽस राग...राऽऽग...।

लेखिकाजी के होंठों पर मुस्कराहट खिंच जाती है।

गायिका : **(अदा के साथ गालों पर उबटन मलते हुए)** बजा लेने दीजिए डायरेक्टर साहब, बेचारे ने पहली बार हाथ लगाया है बाजे को...अच्छा संगीतकार बनेगा।

निर्देशक : **(आपे से बाहर होकर)** आपसे किसने सलाह माँगी? ...और...और आप यहाँ कर क्या रही हैं सुन्दर बाई? मेकअप रूम में क्या ताला लगा है, जो आप यहाँ बैठ गईं चेहरा चमकाने?

दातून के रेशे थूकता हुआ गायक, निर्देशक के नज़दीक आता है।

गायक : आऽऽऽ...थूऽऽऽ...बात ये है डायरेक्टर साहब, मेकअप रूम

में कलाकारों का जमघट लगा हुआ है। तिल रखने तक की जगह नहीं है...

निर्देशक : ...और वाश बेसिन क्या कोई उखाड़ ले गया है जो आप यहाँ दातून करने बैठ गए? अरे कुछ तो एस्थेटिक सेन्स रखो भाई...स्टेज पर कोई ऐसे...

विदूषक : **(बाजा एक ओर खिसकाते हुए)** बात ये है डायरेक्टर बाबू, अपने गायक महाशय इस मुल्क में नीम की आखिरी दातून कर रहे हैं।

लेखिका : **(अचरज से)** अरे-अरे, क्यों भाई क्यों?

विदूषक : **(अपनी ही धुन में)** और ये गायिका सुंदर बाई भी अपने गालों की कोमल त्वचा में हल्दी चंदन का उबटन आखिरी बार लगा रही हैं।

गायिका : **(तुनक कर)** अरे चुप नासपीटे। स्त्रियों के गुप्त रहस्य क्या कोई ऐसे सरेआम बताता है?

निर्देशक : बन्द करो ये बकवास। मैं पूछता हूँ अपने देश में क्या नीम और हल्दी का अकाल पड़ गया है?

विदूषक : अकाल तो नहीं पड़ा श्रीमान्। लेकिन कोलम्बस की नई दुनियावालों ने इनके औषधीय गुणों को पेटेण्ट करा लिया है।

लेखिका : विदूषकजी ठीक कह रहे हैं निर्देशक भाई। आजकल बड़ा लफड़ा है। बड़ी-बड़ी कंट्रीज हमारी तमाम चीज़ों को हथियाने में लगी हैं।

विदूषक : आप लोग भी ज़रा सम्हलकर रहिए। कहीं ऐसा न हो कि आपके लेखकीय गुण, आपकी निर्देशकीय प्रतिभा, आपका सुरीला गला और आपकी कोमल त्वचा भी कहीं बौद्धिक संपदा कानून में उलझकर न रह जाय...

निर्देशक : **(जैसे बाँध टूट गया हो)** बस-बस। बहुत हो गया। अब मैं एक शब्द भी नहीं सुनूँगा। चलिए...चलिए...अपनी-अपनी जगह पर चलिए। फेंकिए इसे...**(गायक से दातून लेकर फेंक देता है)**...और आप भी अपना कटोरा इधर लाइए **(गायिका से उबटन का कटोरा छीन लेता है।)** चलिए-चलिए...

(सबको धकियाता हुआ उनके स्थान पर ले जाता है।)

...हम यहाँ आज़ादी की स्वर्ण जयन्ती पर नाटक करने

आए हैं या बकवास करने? सरकार इतना पैसा खर्च कर रही है तो क्या इसलिए कि...

[विदेशियों का एक झुण्ड, जिसमें महिला व पुरुष दोनों ही हैं, यकायक मंच पर प्रवेश करता है। उनके हाथों में बायनाकुलर्स (दूरबीन) और माइक्रोफाइंग (सूक्ष्मदर्शी) ग्लासेज या इसी तरह की वस्तुएँ हैं। उनके वस्त्रों, हैट, बैग अथवा उनके गले में पड़ी तख़्तियों पर लिखा है 'मल्टी नेशनल कम्पनीज़'। मंच पर प्रवेश करने के साथ ही ये लोग अपने-अपने यन्त्रों से चारों ओर घूम-घूम कर निरीक्षण-परीक्षण करने लगते हैं।]

विदेशी-1 : वंडरफुल।

विदेशी-2 : एक्सीलेंट।

विदेशी-3 : फैंटास्टिक।

विदेशी-4 : रियली इंडिया इज ए वंडरफुल मार्केट...

[सभी भौचक्के से इन्हें देखते हैं। लेखिकाजी अपनी स्क्रिप्ट के पन्ने जल्दी-जल्दी उलटती-पलटती हैं।]

लेखिका : अरे...यह सीन तो मैंने लिखा ही नहीं...

[निर्देशक गुस्से से आगे बढ़ता है।]

निर्देशक : कौन हैं आप लोग? यहाँ कैसे घुस आए? चलिए-चलिए...बाहर निकलिए...

[विदेशीगण उसकी ओर ध्यान ही नहीं देते और अपने कार्य में व्यस्त रहते हैं।]

निर्देशक : **(विंग्स की ओर इशारा कर)** अरे मैं पूछता हूँ, इन्हें अंदर आने किसने दिया? यहाँ नाटक हो रहा है या मज़ाक? **(विदेशियों से)** एक्सक्यूज़ मी...एक्सक्यूज़ मी सर!...आप लोग...?

विदेशी-1 : **(मुस्कराकर)** हमको नई पहचानता? वी आर मल्टीनेशनल कम्पनीज़।

विदेशी-2 : इंडिया में बिजनेस करने आया है।

विदेशी-3 : अच्छा स्कोप है इधर।

विदेशी-4 : लखनऊ का रेवड़ी, आगरा का पेठा, बनारस का बर्फी, बीकानेर का भुजिया-पापड़...साब बनाएगा।

विदूषक : **(दर्शकों की ओर दाँत निपोरते हुए)** कुछ नहीं छोड़ेंगे

भाई लोग। सन्डीला के लड्डू...अजगैन का समोसा... मथुरा की खुर्चन...कांजीवरम की साड़ियाँ...लुधियाना का डुप्लीकेट। ...अरे डायरेक्टर साहब भगाइए सालों को, वरना बिजनेस करते-करते पूरा मुल्क ही हड़प जाएँगे, जैसे ईस्ट इंडिया कंपनी ने हड़प लिया था और आपके हाथों में थमा देंगे ये कटोरा...

[निर्देशक हतप्रभ-सा अपने हाथ का कटोरा देखता है। फिर जैसे करेंट-सा लग गया हो; कटोरा जल्दी से विदूषक को पकड़ा देता है।]

निर्देशक : हटाओ...हटाओ इन्हें **(विदेशियों की ओर इशारा कर)** जल्दी से भगाओ इन्हें...

विदूषक : **(विदेशियों से)** अब फूट लो भाई लोगो। जल्दी से। यहाँ नाटक हो रहा है...थिएटर...

[विदेशी सहज भाव से विंग्स की ओर चल देते हैं।]

विदेशी-1 : डोन्ट वरी...हाम उसमें भी बिजनेस का स्कोप ढूँढ़ लेगा...

विदूषक : **(दर्शकों से)** चमड़ी गोरी ही नहीं, मोटी भी है **(विदेशियों से)** अबे फूऽऽट...भूतनी के।

[विदेशी हड़बड़ाकर अंदर जाते हैं। लेखिकाजी गायक मंडली के पास आती हैं।]

लेखिका : अरे अब शुरू भी करो गायकजी महाराज! **(मुस्कराते हुए)** पूर्वरंग हो गया। सुंदर बाई ज़रा लगाओ तो सुर ...आइए डायरेक्टर भाई, हम लोग ज़रा दूसरे सीन्स के बारे में डिसकस कर लें।

निर्देशक : हाँ-हाँ...**(गायक मंडली की ओर आँखें तरेरते हुए)** लेकिन बीच में कोई गड़बड़ नहीं।

[दोनों नेपथ्य में जाते हैं। प्रकाश गायक मंडली पर सिमट जाता है। साज़िंदे साज सम्हालते हैं। गायक अलाप लेता है। गायिका भी अपनी सुरीली आवाज उसके साथ जोड़ती है।]

गीत

सोने की चिड़िया है भारत,
क़िस्सा ये मशहूर था।
सारी दुनिया के माथे पर,
जैसे ये सिंदूर था।
गरम मसाला, रेशम, कपड़ा,
यहाँ का खूब मशहूर था।
सोना-चाँदी, हीरे-पन्नों
से भय्या भरपूर था।
सोने की चिड़िया है भारत
क़िस्सा ये मशहूर था...
दूर-दूर तक फैली शोहरत,
जैसे गर्म तन्दूर था
सात समुंदर पार मगर
भारत खट्टा अंगूर था।
सोने की चिड़िया है भारत
क़िस्सा ये मशहूर था...

[गायक मंडली क्रमशः अंधकार में विलीन हो जाती है।]

दृश्य : दो

[एक अन्य स्थान पर प्रकाश वृत्त उभरता है जहाँ लेखिका हाथ में पुस्तक खोले अध्ययनरत है। उसके पास कुछ अन्य पुस्तकें भी रखी हैं।

क्षणिक अंतराल के बाद हाथ की पुस्तक बंद कर दर्शकों से—]

लेखिका : प्राचीनकाल से ही भारत अपने ज्ञान, अध्यात्म, धन-वैभव, विद्या, कला, कौशल में अद्वितीय रहा है।
सैकड़ों हज़ारों वर्षों तक न केवल यूरोप, बल्कि संसार के सभी मंडियों और बाजारों में भारत का ही माल

आकर्षण का केंद्र हुआ करता था।
यह संपन्नता ही विदेशी हमलावरों को यहाँ बार-बार हमला करने के लिए प्रेरित करती रही।
...लेकिन अधिकतर हमलावर या तो लूट-पाट करके वापस लौट गए या यहीं की संस्कृति में रच-बस गए।...
योरोपियंस का चरित्र कुछ दूसरे ही क़िस्म का था। वे पहले यहाँ व्यापारी बन कर आए और फिर राजसत्ता हथियाने के षड्यंत्रों में लगे...
भारत औ।र यूरोप के बीच का सारा व्यापार अरब और ईरान के सौदागरों के ज़रिए होता था।

[लेखिका की स्पीच में आवश्यकता एवं सुविधानुसार स्लाइड्स, ट्रांसप्रेसीज अथवा छाया दृश्यों का प्रयोग किया जा सकता है।]

ये सौदागर भारत के पश्चिमी तट से अपने जहाज़ों पर माल लादते और अरब तथा ईरान की खाड़ियों से होकर उसे अपने देश तक ले जाते। वहाँ से अधिकतर स्थलमार्गों के ज़रिए ऊँटों और गाड़ियों पर लाद कर उसे योरोप और अफ्रीका के तमाम देशों में पहुँचाते...
इटली के वेनिस और जेनोआ बन्दरगाह, उन दिनों योरोप में व्यापार की सबसे बड़ी मंडियाँ थीं। वहीं से भारत, ईरान आदि एशियाई देशों का माल योरोप के अन्य देशों में पहुँचता...लेकिन तब तक वह काफी महँगा हो चुका होता।

(क्षणिक विराम)

समुद्र के रास्ते योरोप से भारत आने-जाने का मार्ग उस समय किसी को मालूम नहीं था। ईसा की पंद्रहवीं सदी से योरोपियनों ने भारत का जल मार्ग खोजने के प्रयास शुरू किए।...स्पेन, पुर्तगाल, हालैंड, इंग्लिस्तान और फ्रांस ...इस होड़ में ये पाँच देश शामिल हुए और लगभग सौ साल तक भटकते रहे।...अनेक जहाज़ बर्बाद हुए...बहुत-सी जानें गईं और काफी धन नष्ट हुआ। इटली का कोलंबस पहला नाविक था जिसने भारत पहुँचने का बीड़ा उठाया था लेकिन भारत पहुँचने के बजाए, सन् 1492 में वह

पहुँच गया अमेरिका। (**व्यंग्यपूर्वक**) जिसे मरते दम तक वह भारत ही समझता रहा।

(क्षणिक विराम)

पुर्तगाल का वास्कोडिगामा, पहला योरोपियन था जो 'केप ऑफ गुड' होप का चक्कर लगाते हुए, 22 मई सन् 1498 को भारत के मालाबार तट पर कालीकट के पास पहुँचा था...

कालीकट के हिंदू राजा जमोरिन ने वास्कोडिगामा और उसके ईसाई साथियों का न केवल स्वागत किया बल्कि उन्हें अपने राज्य में रहने और व्यापार करने की भी इजाज़त दी।

सन् 1500 ई. में पुर्तगालियों ने कालीकट में व्यापारिक कोठी बनाई।...तीन साल बाद उसे किले में परिवर्तित किया...और सन् 1506 में गोआ नगर पर कब्ज़ा किया ...सन् 1510 तक पहुँचते-पहुँचते पुर्तगालियों ने अपने आश्रयदाता राजा जमोरिन से ही झगड़ा कर लिया। ...उसके राजमहल में आग लगा दी तथा नगर को जम कर लूटा।

...केवल बारह साले पहले इन परदेशियों पर एहसान करने का यह फल मिला उदार हिंदू राजा जमोरिन को...योरोप से आये डच लोगों ने भी यही किया और अंग्रेज़ों ने भी।...पहले व्यापार की अनुमति। फिर कोठी...कोठी से किला...फौजें और...कब्ज़ा।...फ्रांसीसियों का उद्देश्य भी यही रहा...लेकिन अंग्रेज़ सबके उस्ताद निकले।

सोलहवीं सदी की शुरुआत के साथ, पुर्तगालियों की हिंदुस्तान के साथ तिजारत बढ़ जाने के कारण, पुर्तगाल की राजधानी लिस्बन का महत्त्व और उसकी शान योरोप में दिनोंदिन बढ़ती जा रही थी। इंगलिस्तान के रहनेवालों को इससे ईर्ष्या होना स्वाभाविक था। इंगलिस्तान में उस समय ब्रिस्टल बंदरगाह तिजारत में सबसे आगे था। ...उन दिनों योरोपियन कौम के लोग एक-दूसरे के माल से लदे जहाज़ों को लूट लेना जायज व्यापार समझते थे। ...ब्रिस्टल के नाविक अनेक पुश्तों से बड़े मशहूर समुद्री

डाकू गिने जाते थे। इस लूटपाट के ज़रिए ही अंग्रेज़ों को भारत के उस समय के जलमार्ग का पता चला था। **(क्षणिक विराम के पश्चात् ऊँची किंतु सम्मोहित करनेवाली आवाज़ से)**

...सन् 1578...इंगलिस्तान...ब्रिस्टल बंदरगाह का एक शराबखाना...

[प्रकाश तेजी से लुप्त हो जाता है इसके साथ ही लेखिका भी अँधेरे में गुम हो जाती है।]

दृश्य : तीन

[सन् 1578। इंगलिस्तान के ब्रिस्टल बंदरगाह का एक शराबखाना।

समुद्र की उमड़ती-घुमड़ती लहरों के गर्जन के बीच, शोर-शराबा, गाली-गलौज, फूहड़ मज़ाक और अश्लील गानों के साथ शराबखाना आलोकित होता है।

विभिन्न टेबिलों पर नशे में झूमते समुद्री नाविक, लुटेरे, व्यापारी जाम पर जाम चढ़ा रहे हैं और भुना हुआ गोश्त खा रहे हैं।

खूबसूरत और जवान वेट्रेसेज इठलाती-लहराती शराब और गोश्त सर्व कर रही हैं। नाविक उनसे दिल्लगी कर रहे हैं।

शराबखाने का मोटा-भद्दा मालिक अपने काउंटर पर निर्विकार भाव से बैठा लगातार मुँह में कुछ-न-कुछ डालते हुए, मुद्राएँ सम्हाल रहा है।]

[टेबिल नं. एक—नाविकों का झुण्ड]

नाविक-1 : **(झूमते हुए)** मैंने कहा, मेरी जान! तुम मेरी जुबान नहीं समझती हो तो क्या...? मैं तो तुम्हारे दिल की जुबान समझ रहा हूँ।...और...और उसने टाँगें फैला दीं।

[टेबिल पर ठहाका गूँज उठता है।]

नाविक-2 : लेकिन नतीजा क्या निकला दोस्त? जहाज़ मंज़िल पर पहुँचा या नहीं?

नाविक-1 : अफसोस! मंज़िल पर पहुँचने के पहले ही जहाज समुद्र में डूब गया।

[सुअर जैसा मुँह लटकाकर शराब का लंबा घूँट मारता है। बाकी लोग ठहाका लगाते हैं।]

[टेबिल नं. दो--व्यापारियों का समूह]

व्यापारी-1 : पुर्तगाली महा हरामज़ादे हैं।

व्यापारी-2 : चालबाज़।

व्यापारी-3 : खुद तो हिंदोस्तान से माल बटोर रहे हैं...

व्यापारी-4 : और हमें वहाँ के रास्ते की हवा तक नहीं लगने देते।

व्यापारी-1 : बस एक बार...हिंदोस्तान के समुद्री रास्तों का पता लग जाए फिर उन हरामज़ादों को हिंदोस्तान की ज़मीन पर पाँव भी नहीं रखने देंगे।

[शराब का मग टेबिल पर पटकते हुए, काउंटर पर बैठे मालिक को हाँक लगाता है।]

अबे ओ मोटे! बढ़िया शराब भेज जो तेरी रखैल ने बनाई है।

[एक वेट्रेस इठलाती हुई शराब की ट्रे के साथ इनकी ओर बढ़ती है। रास्ते में एक अन्य टेबिल पर बैठे कुछ समुद्री लुटेरे उसे बीच में ही रोक लेते हैं।]

समुद्री लुटेरा-1 : कहाँ चली मेरी जान!

समुद्री लुटेरा-2 : कुछ हमें भी तो पिलाओ।

वेट्रेस : (मुस्कराते हुए) जो हुक्म श्रीमान!

[उनके खाली जाम भरने लगती है तभी समुद्री नाविकों का एक अन्य झुण्ड, जिसका कप्तान है फ्रांसिस ड्रेक, लूट के माल के साथ हो-हुल्लड़ करते हुए शराबखाने में प्रवेश करता है और जहाँ-तहाँ शराब के जामों पर हाथ साफ करते हुए वेट्रेस को घेर लेता है।]

नाविकों का झुण्ड : (जोर-शोर से गाते हुए)

झूमते-मचलते सागरों के
बेताज बादशाह हैं हम,
मेरी जान हम दिलबरों से,
लो, एक जाम और पियो तुम।

[बाकी लोग भी मस्ती में झूमने गाने लगते हैं।]

सभी : लो, एक जाम और पियो तुम।

नाविकों का झुण्ड : आसमाँ को छूती लहरों पे
बुलंदियों को चूमते हैं हम,
जान की बाजियाँ लगाते हुए
सागरों का सीना चीरते हैं हम,
गाते-गुनगुनाते सागरों के
बेताज बादशाह हैं हम।
मेरी जान! हम दिलबरों से...
लो एक जाम और पियो तुम।

सभी : लो एक जाम और पियो तुम...
लो एक जाम और पियो तुम।

[हो-हुल्लड़ अपने चरमोत्कर्ष पर है। व्यापारी एक गुस्से से बेहाल हो रहा है, उसका जाम खाली है।]

व्यापारी-1 : शराब दो...अरे कोई मुझे शराब दो...ये शराबखाना है या भड़भूजा खाना...मैं उतनी देर से शराब माँग रहा हूँ।

[नाच-गाना, उछल-कूद थम जाता है।]

फ्रांसिस : **(काउंटर पर बैठे मालिक से)** पिलाओ मोटे, शराब पिलाओ। विली को शराब पिलाओ। सबको पिलाओ...मेरी तरफ से पिलाओ...ये ले मोटे...

[एक खनखनाती हुई थैली, काउंटर की ओर उछाल देता है। वेट्रेसों में फुर्ती आ जाती है।]

शानदार पुरानी शराब पिलाओ। जश्न मनाओ... जश्न...

विली व्यापारी-1 : **(उसे घूरते हुए)** तुम तो ऐसे कह रहे हो फ्रांसिस ड्रेक, जैसे हिंदुस्तान के समुद्री रास्ते का नक्शा मिल गया?

फ्रांसिस : **(मुस्कराते हुए)** कुछ ऐसा ही समझ लो विलियम!

[विलियम यानी व्यापारी-1 चौंक जाता है।]

विलियम : क्या मतलब?

[उछलकर फ्रांसिस ड्रेक के पास आता है और उसका गिरेबान पकड़ लेता है।]

देखो फ्रांसिस, मुझसे मज़ाक मत करना। मैं ख़तरनाक आदमी हूँ...

फ्रांसिस : **(पूर्ववत मुस्कराते हुए)** तुम मेरी बीवी के भाई नहीं हो

विली जो मैं तुमसे मज़ाक करूँगा।

विलियम : तुम्हें मालूम है तुम क्या कह रहे हो सुअर?

फ्रांसिस : अच्छी तरह से।...आराम से बैठ जाओ और जी भर कर शराब पियो...

[दो जामों में शराब ढालकर उसे देता है और खुद भी लेता है। जाम टकराता है और लंबा-सा घूँट भरकर...]

दोस्तो! वह समुद्री दिन मेरी जिंदगी का सबसे शानदार दिन था, जब मैंने लिस्बन की ओर जाते एक पुर्तगाली जहाज़ को दूर क्षितिज पर देखा।...मेरे दिल ने कहा, हो न हो यह ज़रूर हिंदोस्तान से माल लेकर पुर्तगाल जा रहा है।...हमने पूरी ताक़त लगा दी, अपने शिकारी जहाज़ को, उस पुर्तगाली जहाज़ तक ले जाने के लिए।...समुद्र की ऊँची लहरें और हवा का रुख भी दोस्ताना था। ...हम बहुत जल्दी उस पुर्तगाली जहाज़ के नज़दीक पहुँच गए...लेकिन हमारे जहाज़ को देखते ही उन हरामज़ादों ने गोलाबारी शुरू कर दी...हम तो पहले ही पूरी तैयारी के साथ शिकार पर निकले थे...जल्दी ही उन्होंने घुटने टेक दिए।

विलियम : फिर क्या हुआ?

फ्रांसिस : उस जहाज़ पर सचमुच हिंदुस्तानी माल निकला...बढ़िया रेशम, ढाका की मलमल, हीरे-जवाहरातों से जड़े सोने-चांदी के खूबसूरत बर्तन और गहने...खुशबूदार मसाले...हम लोगों ने सब लूट लिया **(ठहाका लगाता है)** हा...हा ...ह...एक लूटेरे को दूसरे लुटेरे ने लूट लिया...हा...ह ...ह...

[उसके साथी भी हँसते हैं। विलियम बेचैनी से पहलू बदलता है।]

विलियम : और वह नक्शा?

फ्रांसिस : वह भी बता रहा हूँ...जब हम लोग सारा सामान लूट कर वापस अपने जहाज़ पर लौटने ही वाले थे...तभी मेरी नज़र उस बूढ़े काइयाँ पुर्तगाली कप्तान पर पड़ी जो पाँव की ठोकर से एक खूबसूरत संदूकची को इधर से उधर छुपाने की कोशिश कर रहा था।...मैंने उछलकर

एक भरपूर लात उसके सीने पर जमाई, वह वहीं ढेर हो गया...संदूकची मैंने अपने जहाज़ पर लदवा ली। ...बाद में जब उसे तोड़ा गया तो उसमें कई कीमती सामानों के साथ वह नक्शे भी थे...जो हिंदुस्तान की ओर ले जाते हैं।

[सभी खुशी से उछल पड़ते हैं।]

सभी : हेऽऽऽ ईऽऽऽ

विलियम : यू आर ग्रेट फ्रांसिस ड्रेक...

[फ्रांसिस को अपनी बाँहों में भर लेता है।]

रियली यू आर ग्रेट! हिंदुस्तान की ओर जानेवाले, जिन समुद्री रास्तों की तलाश, हम अंग्रेज़ पिछले पचास सालों से कर रहे थे...उन्हें तुम यूँ आसानी से झपट लाओगे ...यह तो कोई सोच भी नहीं सकता था।

[फ्रांसिस गर्व से उसके कंधे थपथपाता है।]

फ्रांसिस : यह तो हम अंग्रेज़ों की लगन, मेहनत और बहादुरी का नतीज़ा है।

[अपना जाम ऊँचा करता है। उसके साथी भी ऐसा ही करते हैं और सभी एक स्वर में खुशी से झूमते हुए पूर्ववत गाने लगते हैं।]

सभी : झूमते मचलते सागरों के,
बेताज बादशाह हैं हम।
मेरी जान हम दिलबरों से,
लो, एक जाम और पियो तुम।

[क्रमशः मंच पर अंधकार छा जाता है। कोरस के स्वर कुछ क्षणों तक प्रेक्षागार में गूँजते रहते हैं...फिर सब कुछ शांत।]

दृश्य : चार

[स्लाइड प्रोजेक्टर से साइक पर कुछ कैप्शन एवं चित्र...

1. सन् 1600 ई. (कैप्शन)

2. लंडन का चित्र

3. ईस्ट इंडिया कंपनी की स्थापना (कैप्शन)

अथवा

लेखिका ही अपने निर्धारित स्थान से]

लेखिका : (**ऊँचे स्वर में**) सन् 1600 ई...लंडन...ईस्ट इंडिया कंपनी की स्थापना...।

[**अंधकार**]

[**ईस्ट इंडिया कंपनी के बोर्ड ऑफ डायरेक्टर्स की मीटिंग...मंच आलोकित होने पर सभी हाथ ऊँचे कर जाम टकराते हैं।**]

सभी : ...फार दि हेल्थ...वेल्थ...एण्ड प्रास्पैरिटी ऑफ़ अवर कंपनी ...चियर्स...चियर्स...चियर्स...

डायरेक्टर-1 : थैंक्स गॉड! महारानी एलिजाबेथ ने हमारे सभी प्रस्तावों को मान कर इंडिया में बिजनेस करने के लिए ईस्ट इंडिया कंपनी बनाने का परमीशन दे दिया...

डायरेक्टर-2 : परमीशन तो मिलना ही था...आख़िर हम मुनाफ़ा भी तो कमा कर देंगे।

डायरेक्टर-3 : ...और रिस्क भी उठाएँगे।

डायरेक्टर-4 : बिल्कुल ठीक। अपने मुल्क और फेमिली **से हज़ारों** मील दूर समुद्र के ख़तरों को झेलते हुए...बिजनेस के लिए जाएँगे...सोना लाएँगे।

डायरेक्टर-5 : फिर हमारा कंपटीशन भी तो उन हरामज़ादे पुर्तगालियों से है, जो पहले ही वहाँ जम गए हैं।

डायरेक्टर-6 : ...मैंने तो महारानी से साफ़-साफ़ कह दिया था...कंपनी में हमें अपने ही जैसे 'एडवेंचरर्स' लोगों की ज़रूरत है जो लूटमार...धोखाधड़ी...बेईमानी...और ज़रूरत पड़ने पर कत्लेआम भी कर सकें।

डायरेक्टर-1 : यस, यू आर राइट। शरीफ़ लोगों का क्या हम अचार डालेंगे?

डायरेक्टर-2 : ...शराफत...नैतिकता...मानवता...भाई-चारा...दीज़ आर आल बोगस वर्ड्स।...वी शुड बी प्रेक्टिकल।

डायरेक्टर-3 : कंपनी के हिस्सेदारों को, अगर शक भी हो गया...कि हमने एक भी शरीफ़ या ईमानदार आदमी रखा है तो वे अपने शेयर वापस ले लेंगे।

डायरेक्टर-4 : (सीने पर क्रास बनाते हुए) थैंक्स गॉड! अब सब कुछ ठीक हो गया।

डायरेक्टर-5 : डोंट वरी, बहुत जल्दी हम हिंदुस्तान पर छा जाएँगे... हिंदुस्तान हमारा होगा...

सभी : (खुशी से चिल्लाते हैं) हेऽऽऽ ईऽऽऽ

[नशे में धुत्त उछलते-कूदते नाचने लगते हैं।]

(गाते हैं।)

हिंदुस्तान हमारा होगा
वह दिन दूर नहीं,
दौलत का बँटवारा होगा
वह दिन दूर नहीं।
टाँग पसारे हम सोएँगे
फिर सोने की सेज़ पर
सोना-चाँदी, हीरा-मोती
होगा अपनी जेब में।
बच्चा-बच्चा दास बनेगा,
दासी नारी होगी
लूट-मार का खेल करेंगे,
मौज हमारी होगी
भोगेंगे हम उसकी दौलत,
वह दिन दूर नहीं
दौलत का बँटवारा होगा
वह दिन दूर नहीं...
हिंदुस्तान हमारा होगा
वह दिन दूर नहीं।

[क्रमशः मंच पर अंधकार।]

दृश्य : पाँच

[लेखिका प्रकाश में उभरती है।]

लेखिका : (दर्शकों से) सन् 1608 में पहला अंग्रेज़ी जहाज़ हिंदुस्तान पहुँचा...

[साइक पर उमड़ते-घुमड़ते समुद्र की लहरें। अंग्रेज़ी जहाज हेक्टर का छाया-चित्र। एक छोटे धब्बे से विकसित होकर विशाल होता जाता है। पृष्ठभूमि से उपयुक्त ध्वनि प्रभाव।]

इस जहाज़ का नाम 'हेक्टर' था। 'हेक्टर' प्राचीन यूनान के एक योद्धा का नाम था, जिसका अंग्रेज़ी में अर्थ है अकड़बाज या झगड़ालू।...जहाज़ का कप्तान हाकिन्स, पहला अंग्रेज़ था, जिसने समुद्र के रास्ते आकर भारत की भूमि पर कदम रखा था।...जहाज सूरत के बंदरगाह में आकर लगा।...जो उस समय भारतीय व्यापार का एक प्रमुख केन्द्र था...

उस समय भारत में मुगल सम्राट जहाँगीर का शासन था। कप्तान हाकिन्स ने आगरा में मुगल सम्राट से भेंट की।

[मंच पर अंधकार]

दृश्य : छह

[जहाँगीर का दरबार। कप्तान हाकिन्स दोजानू होकर बादशाह की कदमबोसी कर रहा है।]

कप्तान हाकिन्स : ...हिंदोस्तान के बादशाह को ईस्ट इंडिया कंपनी की ओर से कप्तान हाकिन्स का सलाम।

जहाँगीर : खुश आमदीद! खुश आमदीद! हिंदुस्तान की सरज़मीन आपका इस्तकबाल करती है।

कप्तान हाकिन्स : शुक्रिया, बादशाह सलामत...जहाँपनाह! इंगलैंड के बादशाह जेम्स ने आपकी सेहत, आपकी हुकूमत और आपके मुल्क की बेहतरी के लिए दुआएँ की हैं।

जहाँगीर : मैं आपके बादशाह का शुक्रगुज़ार हूँ।

कप्तान हाकिन्स : आलीजाह! हमारे बादशाह ने आपकी ख़िदमत में कुछ तोहफ़े भेजे हैं...

[कंपनी के ख़ादिम बड़े-बड़े थालों में तोहफ़े लाकर बादशाह के कदमों में रखते हैं।]

...और ये खत भी आपके लिए है।

[खत आगे बढ़ाता है।]

जहाँगीर : (वज़ीर से) वज़ीरेआजम! ज़रा देखिए तो, इंगलिस्तान के बादशाह ने हमारे लिए क्या पैगाम भेजा है?

[वज़ीर खत लेकर पढ़ता है।]

वज़ीर : हिंदुस्तान के अज़ीम बादशाह! आपके मुल्क की खुशहाली और आपके इंसाफ़पसंदी की शोहरत समुद्री हवाओं के साथ बह कर पूरे योरोप में फैल गई है।...हम आपके मुरीद हो गए हैं...और आपसे राजनैतिक तथा व्यापारिक रिश्ते बनाने की ख़्वाहिश रखते हैं।...यह आपकी दरियादिली और दयानतदारी से ही मुमकिन है।...आपका, जेम्स।

जहाँगीर : **(कुछ सोचते हुए)** कप्तान हाकिन्स, आप हमारे शाही मेहमान हैं। जब तक आपकी मर्ज़ी हो, आप हिन्दुस्तान में रह सकते हैं।...हम आपके बादशाह के प्रस्तावों पर विचार करेंगे।

कप्तान हाकिन्स : शुक्रिया आलमपनाह।

[कोर्निश करता हुआ दरबार से जाता है। पुर्तगाली प्रतिनिधि, जो कप्तान हाकिन्स की उपस्थिति से काफी देर से बेचैन-सा हो रहा था बाअदब बादशाह से मुखातिब होता है।]

पुर्तगाली प्रतिनिधि : जहाँपनाह! गुस्ताख़ी माफ हो तो बंदा कुछ अर्ज करे?

जहाँगीर : इजाज़त है।

पुर्तगाली प्रतिनिधि : हुज़ूर! इन अंग्रेज़ों के बारे में सोच-समझ कर फ़ैसला करिएगा।...ये महाधूर्त, मक्कार और धोखेबाज हैं। हमारे माल से लदे हुए जहाज़ों को लूट लेते हैं। इनकी वजह से समुद्री रास्ते महफूज़ नहीं रहे।

जहाँगीर : **(मुस्कराकर)** हमने तो सुना है आप योरोपवालों के यहाँ यही दस्तूर है।...एक-दूसरे के जहाजों को लूट लेना, आप जायज़ व्यापार समझते हैं।

पुर्तगाली प्रतिनिधि : हुज़ूर यह सब इन बदमाश अंग्रेज़ों की वजह से ही हो रहा है।

जहाँगीर : ...जो भी हो, आप फिक्र न करें। अंग्रेज़ व्यापारी बन कर हिंदुस्तान में आएँगे, तो उनको भी वही रियायतें मिलेंगी जो हम दूसरे मुल्कों को देते हैं...और यदि वह यहाँ

लूट-पाट करेंगे...बदअमनी फैलाएँगे...तो हम उन्हें सज़ा देंगे।

[दरबार बर्खास्तगी का संकेत करते हुए उठ खड़ा होता है।]

[मंच पर तेजी से अंधकार।]

दृश्य : सात

[लेखिका पर पुनः प्रकाश।]

लेखिका : जहाँगीर ने अंग्रेज़ों को न केवल व्यापार करने, कोठियाँ बनाने और मुगल दरबार में एलची रखने की इजाज़त दी बल्कि यह भी इजाज़त दी कि वह अपनी बस्तियों में अपने कानून के मुताबिक अपने मुलाजिमों को स्वयं दण्ड भी दे सकते हैं।

(क्षणिक अंतराल)

...इस छोटी-सी घटना की आलोचना करते हुए और बाद की सन् 1857 की घटनाओं को ध्यान में रखते हुए अंग्रेज़ इतिहास लेखक 'टारेन्स' अपनी पुस्तक 'इम्पायर इन एशिया' में लिखता है...

[एक पुस्तक उठा कर उसके कुछ अंश पढ़ने का अभिनय करते हुए]

"बादशाह न्यायशील और बुद्धिमान था। वह उनकी आवश्यकताओं को समझता था। जो उन्होंने माँगा, उसने मंजूर कर लिया।...उसे यह स्वप्न में भी नज़र नहीं आ सकता था कि एक दिन अंग्रेज़ इस छोटी-सी जड़ से बढ़ते-बढ़ते बादशाह की प्रजा और उसके उत्तराधिकारियों तक को दण्ड देने का दावा करने लगेंगे...और यदि उनका विरोध किया जाएगा तो प्रजा का संहार कर डालेंगे तथा बादशाह के उत्तराधिकारी को 'बागी' कह कर आजीवन कैद कर लेंगे।"

[लेखिका अंधकार में।]

दृश्य : आठ

[प्रकाश का संकुचित दायरा आख़िरी मुगल सम्राट बहादुरशाह जफ़र को आलोकित करता है, जो रंगून में कैद हैं।]

बहादुरशाह जफ़र : (शोकपूर्ण मुद्रा में आँखें बंद किए गुनगुना रहे हैं।)
कितना है बदनसीब जफ़र दफ़न के लिए
दो गज ज़मीन भी न मिली कूए यार में...

[प्रकाश लुप्त हो जाता है इसके साथ ही बादशाह भी अँधेरे में गुम हो जाता है। कुछ पल उसके स्वर वातावरण को ग़मगीन बनाते हैं फिर सब कुछ शांत।]

दृश्य : नौ

[मंच पुनः आलोकित होने पर विदूषक अफ़सोस प्रगट करते हुए, सिर हिलाता नज़र आता है।]

[गायक-गायिका भी मुँह लटकाए बैठे हैं।]

विदूषक : ...दो गज ज़मीन भी न मिली...दफ़न के लिए...कितना है...

[निर्देशक भागता हुआ मंच पर आता है।]

निर्देशक : अरे-अरे यह क्या कर रहे हो?

विदूषक : अफ़सोस मना रहा हूँ।

निर्देशक : किस बात का?

विदूषक : (बिफर कर) महाशय, आपने कहा था आज़ादी की लड़ाई का नाटक होगा...और आप पता नहीं क्या ईरान-तूरान बताने लगे...

गायक : हाँ साहब, मैंने तो सोचा था आज़ादी के तराने होंगे...

गायिका : क्रांति के दीवाने होंगे।

गायक : वतन पर मर मिटनेवाले परवाने होंगे...

निर्देशक : हाँ-हाँ, वह तो होगा ही...लेकिन...

[लेखिका जैसे किताबों का बोझ सम्हालने का अभिनय

करती हुई मंच पर आती है।]

लेखिका : अरे डायरेक्टर भाई, आप यहाँ पर हैं और मैं आपको...

निर्देशक : **(झुँझलाकर)** अरे देवीजी मैंने पहले ही आपसे कहा था ज्यादा डिटेल में मत जाओ...

लेखिका : लेकिन यह तो बताना ही पड़ेगा कि...

विदूषक : **(मज़ाक उड़ाते हुए)** अंग्रेज़ कब पैदा हुए...कब उन्होंने अपने पाँव का अँगूठा चूसा...कब उन्होंने 'हगीज़' पहने... कब उन्होंने...

लेखिका : **(झेंप कर)** अरे...अरे आप तो मज़ाक करने लगे विदूषक भाई...

विदूषक : **(तैश में आकर)** मज़ाक की ऐसी की तैसी। आप क्या जनता को उल्लू समझती हैं?...कौन नहीं जानता कि जहाँगीर ने अंग्रेज़ों को व्यापार करने, सूरत में कोठी बनाने और अपनी बस्तियों में अपना क़ानून लागू करने की छूट दी।...शाहजहाँ ने अपनी बेटी के इलाज के बदले पूरे बंगाल भर में अंग्रेज़ों के माल पर चुंगी माफ़ की, कोठियाँ बनाने और उनके जहाज़ों को हुगली तक आने की इजाज़त दी...

लेखिका : हाँ, और शाहजहाँ के बेटे औरंगज़ेब ने मराठों की बढ़ती ताकत से निबटने के लिए अंग्रेज़ों को और भी तमाम रियायतें दीं...

विदूषक : लेकिन कहावत है न...कुत्ते की दुम टेढ़ी। अंग्रेज़ सौदागर अपनी घटिया हरकतों से बाज न आए।

[कुछ व्यापारी अचानक चीखते-चिल्लाते मंच पर प्रवेश करते हैं। यह पुर्तगाली, फ्रांसीसी तथा अरब व्यापारी हैं।

इनके पीछे अंग्रेज़ कोड़ा फटकारते हुए आते हैं और इन व्यापारियों को पकड़कर बुरी तरह पीटने लगते हैं। गायक तथा गायिका उन्हें बचाने के लिए दौड़ते हैं।]

गायक : अरे-अरे ! क्यों मार रहे हो बेचारों को?

गायिका : मार-मार कर अधमरा कर दिया है अब क्या जान ही ले लोगे?

अंग्रेज़-1 : **(कोड़ा फटकराते हुए)** बीच में मत बोलो, वरना तुम्हारा भी यही होल होगा, यूऽऽऽ फूल्स।

[पुर्तगाली व्यापारी को मारते हुए।]
...तो तुम सस्ता माल बेचता है?

पुर्तगाली व्यापारी : (कराहते हुए) जो बाज़ार का भाव है, वही तो बेचते हैं हम लोग...

फ्रांसीसी व्यापारी : तुम्हारा महँगा माल कोई नहीं खरीदता तो हम क्या करें?

अरब व्यापारी : अरे भाई व्यापार के भी कुछ उसूल होते हैं।

अंग्रेज़-2 : तुम हमको उसूल सिखाएगा? ये लोग...साड़...साड़...साड़ कोड़े से पीटता है।

अंग्रेज़-3 : बाज़ार की क़ीमत हम तय करेगा। बास्टर्ड...

[एक लात जमाता है।]

[फिर मंच पर उपस्थित अन्य लोगों से कोड़ा फटकारते हुए एईऽऽऽ...तुम लोग इधर में क्या करता?]

निर्देशक : (घबड़ाकर) न...न...नाटक।

अंग्रेज़-1 : (दहाड़कर) ह्वाट?

विदूषक : (जल्दी से) क...क...कुछ नहीं। आपकी व्यापारिक कुशलता देख रहे हैं।

अंग्रेज़-1 : गुड! और कुछ तो नहीं देखा?

गायिका : नहीं-नहीं, कुछ भी नहीं देखा।

गायक : (दर्शकों से) खाल उधड़वानी है क्या?

अंग्रेज़-2 : वेरी गुड!...और कुछ देखोगे भी नहीं वरना मार-मार कर भूसा भर दिया जाएगा।

[कोड़ा फटकारते हुए अंग्रेज़ जाते हैं।]

विदूषक : (मुँह बनाकर) हुँह...भूसा भर दिया जाएगा।

गायक : जैसे इनके बाप की हुकूमत है।

[गायिका, मार खाकर ज़मीन पर पड़े व्यापारियों से।]

गायिका : अरे क्या मुर्दों की तरह पड़े हो?...चलो, हिंदुस्तान के बादशाह औरंगज़ेब से शिकायत करते हैं।

[व्यापारी गिरते-पड़ते, कराहते हुए, गायक, गायिका तथा विदूषक के साथ चल देते हैं। लेखिका तथा निर्देशक विचार-विमर्श करते हुए नेपथ्य में। प्रकाश व्यवस्था बदलती है। औरंगज़ेब तख़्त पर आसीन हो चुका है। साथ ही वज़ीर और कुछ एक दरबारी भी नज़र आते हैं। गायक, गायिका तथा विदूषक व्यापारियों के झुण्ड के साथ जैसे दरबार में।]

गायक : दुहाई है...दुहाई है...
गायिका : दुहाई है सरकार...दुहाई है...
विदूषक : मार-मार के भूसा भर दिया आलमपनाह!
औरंगज़ेब : कौन हो तुम लोग?
पुर्तगाली व्यापारी : हम लोग सौदागर हैं हुज़ूर।
फ्रांसीसी व्यापारी : यहाँ तिज़ारत करने आए थे...
अरब व्यापारी : लेकिन ज़ालिम अंग्रेज़ों की वजह से अब तिज़ारत करना बहुत मुश्किल हो गया।
पु. प्यापारी : अंग्रेज हमारे माल से लदे जहाज़ लूट लेते हैं।
फ्रा. व्यापारी : हमें महँगा माल बेचने के लिए मज़बूर करते हैं।
अ. व्यापारी : कहते हैं बाज़ार की क़ीमतें वह तय करेंगे।
पु. व्यापारी : जो उनकी बात नहीं मानता उसे सरेआम कोड़ों से पीट-पीट कर मार डालते हैं।
फ्रा. व्यापारी : या फिर अपनी कोठी में बंद करके भूखों मार देते हैं।
अ. व्यापारी : हमारा सदियों से जमा-जमाया व्यापार चौपट हो रहा है। अंग्रेज़ों के ज़ुल्म से हमें बचाएँ परवरदिगार।
औरंगज़ेब : अंग्रेज़ सौदागरों की शिकायतें काफी दिनों से हमारे पास आ रही हैं। उनकी गुस्ताख़ियाँ अब हम और बर्दाश्त नहीं करेंगे।...अंग्रेज़ों की सभी कोठियाँ ज़ब्त कर ली जाएँ...और उन्हें हिंदुस्तान के बाहर निकाल दिया जाए।

[मंच पर तेजी से अंधकार फैल जाता है।]

दृश्य : दस

[लेखिका पुनः प्रकाशवृत्त में उभरती है।]

लेखिका : औरंगज़ेब ने सूरत, विशाखापट्टनम आदि कई स्थानों पर अंग्रेज़ों की कोठियाँ ज़ब्त कर लीं और उन्हें निकाल बाहर किया।...बंबई को भी घेर लिया।

(क्षणिक विराम)

...लेकिन अंग्रेज़ बहुत ही मक्कार थे। वे औरंगज़ेब के कदमों में जा गिरे। कान पकड़कर अपनी गुस्ताख़ियों के लिए माफ़ी माँगी...और आगे से नेकचलनी का वादा

किया।...औरंगज़ेब ने इन पर विश्वास करते हुए उन्हें बख़्श दिया।

(क्षणिक विराम)

औरंगज़ेब के ज़माने में मुगल साम्राज्य अपने चरमोत्कर्ष पर था किंतु उसके विनाश के बीज भी बोये जा चुके थे। सन् 1707 ई. में औरंगज़ेब की मृत्यु के साथ ही दिल्ली के शाही दरबार का दबदबा घटना शुरू हो गया था...चारों ओर छोटी-छोटी बादशाहतें साम्राज्य से टूट-टूट कर अलग होने लगीं...और अलग-अलग सूबों के सूबेदार कहने को तो दिल्ली दरबार के अधीन थे किंतु वास्तव में वे अपने-अपने साम्राज्यों के खुदमुख़्तार शासक बन गए थे।

(क्षणिक विराम)

...अंग्रेज़ों को मौका मिल गया उन्हें मनमानी करने की छूट मिल गई। धीरे-धीरे भारत के पूर्व और पश्चिमी तटों पर ईस्ट इंडिया कंपनी की अनेक नई कोठियाँ बनीं। ...कंपनी के हिस्सेदार और सभी छोटे-बड़े मुलाजिम मालो-माल हो गए।

...औरंगज़ेब की मृत्यु के ठीक पचास साल बाद यानी सन् 1757 ई. में अंग्रेज़ों ने बंगाल के नवाब सिराजुद्दौला को प्लासी की लड़ाई में पराजित करके बंगाल में अंग्रेज़ी राज्य की नींव रखी...और इसके सौ वर्षों के अंदर ही अंदर ईस्ट इंडिया कंपनी का शासन लगभग पूरे भारत में फैल गया था।...दिल्ली का आख़री मुगल बादशाह बहादुरशाह जफ़र का हुक्म दिल्ली के लालकिले के अंदर ही सिमट कर रह गया।

[लेखिका अंधकार में।]

दृश्य : ग्यारह

[प्रेक्षागार के पिछले प्रवेश द्वार से गायक-गायिका साज़िंदों के साज़ पर, गतिशील प्रकाश वृत्त में मंच की ओर गीत गाते हुए बढ़ते हैं।

विदूषक मंच पर गीत के भावानुसार मूक अभिनय कर रहा है।]

गायक-गायिका : व्यापार करने आए थे वो राज पा गए,
हिंदोस्तां का तख़्त और ताज़ पा गए।
सौदागरों के भेष में जो भेड़िए घुसे,
फिर देखते ही देखते सब कुछ हड़प गए।

आपस की फूट ने हमें बरबाद कर दिया,
गफ़लत ने हमारी हमें बेआब कर दिया।
पाँवों में पड़ी बेड़ियाँ ग़ुलाम हम हुए,
गोरों की हुकूमत के मोहताज़ हम हुए।

गद्दारों ने लिखा अजी इतिहास एक नया,
चाँदी के चंद टुकड़ों पे ये मुल्क बिक गया।
जयचंद, मीरजाफ़रों से देश है भरा,
आस्तीन के इन साँपों को पहचान लो जरा।

बंगाल क्यों गया अरे, पंजाब क्यों गया?
दक्खिन में मराठों का बुरा हाल क्यों हुआ?
दिल्ली के शाह आलम को वो कौन डस गया?
टीपू की जो तलवार थी, वो कौन ले गया?

गोरों की साजिशें हैं अब गद्दारों का करम,
फिर मुल्क का क्या होगा, अब काहे का है भरम?

व्यापार करने आए थे वो राज पा गए
हिंदोस्तां का तख़्त और ताज़ पा गए।

[नेपथ्य में जाते हैं। मंच पर अंधकार।]

दृश्य : बारह

[कुछ ग्रामीण जहाँ-तहाँ बैठे हैं। जिसमें किसान,

जुलाहे, शिल्पकार, दस्तकार, छुट्टी पर गाँव आया सिपाही आदि विभिन्न वर्गों के लोग हैं।]

सिपाही : अरे भाई हमें क्या? हम तो सिपाही हैं, हमारा धर्म है लड़ना। पहले हम मुगलों के लिए लड़ते थे...जब उनका ख़जाना खाली हो गया तो हम मराठों की सेना में भर्ती हो गए। मराठों की हालत पतली हुई तो हम फिरंगियों की फौज में चले गए।

किसान-1 : फिर तो तुम्हीं अच्छे रहे भय्या! हम किसानों के तो बुरे हाल हैं।

किसान-2 : फिरंगियों ने जो दुर्दशा हमारी की है...वैसा तो कभी नहीं हुआ।

किसान-3 : हमारे खेत, खलिहान, कोठार अनाज से भरे रहते थे। बाज़ार में दाम भी अच्छे मिल जाते थे। अब हालत भिखारियों से भी बदतर हो गई है।

किसान-1 : लगान और मालगुज़ारी वसूल करने के लिए हम पर क्या-क्या अत्याचार किए जाते हैं, कुछ मालूम है?

किसान-2 : ...कड़ी धूप में खड़ा कर दिया जाता है।...खाना तक नहीं खाने दिया जाता।

किसान-3 : मुर्गा बना दिया जाता है। उँगलियों के बीच डंडियाँ फँसा कर दबाया जाता है।

किसान-1 : कोड़ों से पीटना और शिकंजे में कस देना तो आम बात है, हमारे बालों को बैल की पूँछ से बाँध दिया जाता है...अब खुद ही सोच लो क्या हाल होता होगा?

किसान-2 : ...इंसानियत नाम की तो कोई चीज़ है ही नहीं इन कसाइयों में।

किसान-3 : मरता क्या न करता?...उधार लो...कर्ज़ लो...गहना-बर्तन गिरवी रखो, मगर लगान दो।...मालगुज़ारी दो।

किसान-1 : पहले वसूली का काम ग्राम पंचायतें करती थीं, तब इतनी परेशानी नहीं थी।...अब सरकारी अमला वसूली करता है तो अत्याचार ही अत्याचार।

जुलाहा-1 : अरे भाई, हम जुलाहों का क्या हुआ? हमारा सूती और रेशमी कपड़ा सारी दुनिया में मशहूर था।...इन फिरंगियों ने हमारा धंधा चौपट कर दिया।

जुलाहा-2 : कमबख़्त, हमारे माल की क़ीमत भी खुद तय करते हैं

और दबंगई ऐसी कि किसी और को बेचने भी नहीं देते।

जुलाहा-1 : ज़बरदस्ती पेशगी दे जाते हैं। हारी-बीमारी की वजह से कभी माल न बन सका तो कोड़े खाओ।

जुलाहा-2 : विलायत के कारखानों के लिए, यहाँ से कच्चा माल औने-पौने में ले जाते हैं ये गोरे और मशीन से कपड़ा बनाते हैं।...फिर भी माल हमारा ही अच्छा और सस्ता बैठता है।

जुलाहा-1 : इसीलिए तो छाती फटती है इन फिरंगियों की...जब कुछ बस न चला तो कारीगरों के अंगूठे कटवाने पर ही तुल गए।

जुलाहा-2 : विलायत में हमारे माल पर नब्बे रुपया सैकड़ा टैक्स लगा दिया। जितने का माल नहीं उतने का टैक्स दो...तो भला कौन खरीदेगा हमारा माल?

जुलाहा-1 : अब छः महीने से बेकार बैठा हूँ। सोच रहा हूँ फौज में ही भरती हो जाऊँ।

सिपाही : अरे तो फौज में कौन-सा रामराज हो रहा है। हिंदुस्तानी सिपाहियों के साथ जो सुलूक होता है वह हम ही जानते हैं। अंग्रेज़ अफ़सर हमें गुलाम समझकर बेइज्ज़त किया करते हैं...ऊँचे पदों पर अंग्रेज़ों को रखते हैं।...लड़ाई में फिरंगी सिपाहियों को पीछे रखते हैं, आगे हमें झोंकते हैं...मरो बेटा।...और तनख़्वाह कितनी?...सिपाही को सात रुपए महीने, नायक को सत्रह रुपए, हवलदार को उन्नीस रुपए...और सूबेदार को बयासी रुपए महीने मिलते हैं। जबकि नौसेना के एक मामूली अंग्रेज़ मेट की तनख़्वाह भी एक सौ छप्पन रुपए महीने है।

ग्रामीण-1 : ...और उसका काम क्या होता है?

सिपाही : वही जो एक मामूली नौकर का होता है...तो भय्या ये हाल हैं फौज के।

सभी : **(कानाफूसी करते हैं)** यह तो सरासर ज्यादती है।

सिपाही : यही नहीं। अब तो ये गोरे हमारा धर्म भ्रष्ट करने पर ही तुल गए हैं। फौज को जो नए कारतूस दिए जा रहे हैं, उनमें चर्बी लगी होती है...पता नहीं वह गाय की चर्बी है...या सुअर की। बिना दाँत लगाए कारतूस खुलेगा नहीं...धरम गँवाना हो तो लगाओ मुँह में।

ग्रामीण–1 : **(उत्तेजित होकर)** यह तो अंधेर है।

ग्रामीण–2 : भ्रष्टाचार भी खूब फैला है चारों तरफ...बिना पैसा दिए कोई काम ही नहीं होता।

किसान–1 : हमारे राजा नवाबों को तो निकम्मा बताकर एक के बाद एक गद्दी से हटाते चले जा रहे हैं और खुद का ये हाल है।

किसान–2 : अजी इन्हें तो बहाना चाहिए। बक्सर की लड़ाई के बाद दिल्ली के शाहआलम और अवध के नवाब शुजाउद्दौला पहले ही कंपनी के आगे घुटने टेक चुके थे। अब उनके नाती-पोतों को जो थोड़ा-बहुत राव-रुतबा बचा है उसे भी अंग्रेज़ हड़प कर जाना चाहते हैं।

किसान–1 : सही कह रहे हो भय्या रामदीन। दिल्ली के बादशाह बहादुरशाह को तो पेंशनभोगी बना ही दिया...अवध के वाजिद अली शाह को भी पेंशन लेने के लिए, अंग्रेज़ मज़बूर कर रहे थे। उन्होंने इंकार किया तो उन्हें नज़रबंद करके कलकत्ता भेज दिया गया और अवध को भी अंग्रेज़ी राज में मिला लिया।

सिपाही : अरे भाई, सतारा, नागपुर, झाँसी का क्या हुआ? यहाँ के राजाओं के अपने पुत्र नहीं हुए तो उन्होंने अपने निकट संबंधियों की संतानों को गोद लेकर अपना उत्तराधिकारी बनाया किंतु इन फिरंगियों ने इस तरह के दत्तक पुत्रों को राजा मानने से इंकार कर दिया और इनके राज्यों को भी अपने साम्राज्य में मिला लिया।

ग्रामीण–1 : अरे मैं कहता हूँ सारे राजा-नवाब एक होकर इन फिरंगियों का मुकाबिला करें तो क्या इन्हें देश के बाहर खदेड़ा नहीं जा सकता?

सिपाही : **(ठहाका लगाकर)** अरे दद्दू! ऐसी बात कहोगे, जिसका कोई सिर-पैर न हो।...हमारे आपसी लड़ाई-झगड़ों और विश्वासघातियों की वजह से ही तो ये गोरे हम पर हुकूमत कर रहे हैं...

[तभी गाँव का चौकीदार एक हाथ में कमल का फूल और दूसरे में एक पोटली लिए आता है।]

चौकीदार : अरे भाई लोगो! इधर आओ...ये देखो संदेशा आया है।

सभी : **(चकित से)** संदेशा...?

[उसे घेर लेते हैं। चौकीदार कमल का फूल और

पोटली खोलकर दो छोटी-छोटी रोटियाँ दिखाता है।]

चौकीदार : हाँ...पास के गाँव का चौकीदार कमल का फूल और दो रोटियाँ दे गया है।

[सभी विस्मय से एक-दूसरे को देखते हैं...फिर कमल और रोटियों को देखते हैं।]

ग्रामीण : और कुछ कहा भी है उसने?

चौकीदार : हाँ, उसने कहा, "ऐसी ही दस रोटियाँ बना कर पास के पाँच गाँवों में दो-दो बाँट देना...कमल के फूल के साथ।...बची हुई रोटियों को जब भी कोई हाक़िम माँगे...दे देना।"

सिपाही : फिर क्या करोगे?

चौकीदार : करना क्या है संदेशा है आगे तो पहुँचाना ही होगा।

[सभी को विस्मय में छोड़ चौकीदार आगे बढ़ जाता है। मंच पर तेजी से फैलते अंधकार के साथ पृष्ठभूमि से जैसे युद्ध के नगाड़े गड़गड़ा उठते हैं।]

दृश्य : तेरह

[घुमन्तू लोक-गायकों की तरह गायक मंडली गीत गाते हुए मंच पर प्रवेश करती है। गायक-गायिका आवश्यकतानुसार अभिनय एवं भाव-भंगिमाएँ भी प्रदर्शित करते रहते हैं।
साइक पर छायाचित्रों के माध्यम से 1857 की घटनाओं के विभिन्न दृश्य।]

गायक मंडली : (कोरस में)
आज़ादी की अलख जगी थी
अठारह सौ सत्तावन में
गाँव-गाँव रोटी पहुँची थी
अठारह सौ सत्तावन में।

गायक : सुलग रही थी जो चिनगारी
अंग्रेजों की मनमानी से
राजे और नवाब कि जिनके

राज छिने थे बेईमानी से...

गायक मंडली : **(कोरस में)**
भड़क उठी थी आग उसी से
अठारह सौ सत्तावन में
आज़ादी की...

गायिका : भेदभाव देसी सेना संग
कारतूस चर्बी वाले...
धर्म भ्रष्ट कर रहे फिरंगी
यह डर मन में था पाले...

गायक मंडली : **(कोरस में)**
आहुति में घी यहीं पड़ा था
अठारह सौ सत्तावन में
आज़ादी की...

गायक : पहली गोली बैरकपुर में
मंगल पाँडे ने दागी थी
मार गिराया अंग्रेज़ों को
फाँसी उसने पायी थी...

गायक मंडली : **(कोरस में)**
सेना का विद्रोह हुआ था
अठारह सौ सत्तावन में
आज़ादी की...

गायिका : नाना साहब, तात्याँ टोपे
और रानी लक्ष्मीबाई
बेगम हज़रत महल, कुँवर सिंह
सबने एक क़सम खाई...

गायक मंडली : **(कोरस में)**
गोरों को है मार भगाना
अठारह सौ सत्तावन में
आज़ादी की...

गायक : बहादुर शाह जफ़र ने भी
दिल्ली में की थी अगुवाई
अंग्रेज़ों से जूझ पड़े थे
हिंदू-मुस्लिम सब भाई...

गायक मंडली : **(कोरस में)**

शहज़ादों का कत्ल हुआ था
अठारह सौ सत्तावन में
आज़ादी की...

गायिका : मगर क्रांति की लपटें अब भी
दूर बहुत थीं आज़ादी से
साथ दे रहे थे गोरों का
पिट्ठू राजे बेशर्मी से...

गायक मंडली : **(कोरस में)**
आज़ादी फिर सपना हो गई
अठारह सौ सत्तावन में
आज़ादी की...

गायक : मुगल आख़री कैद हुआ
रंगून में ख़ाके वतन से दूर
ग़द्दारी की भेंट चढ़ गया
तात्याँ टोपे वीर-शूर

गायक मंडली : **(कोरस में)**
अमर हो गई रानी झाँसी
अठारह सौ सत्तावन में
आज़ादी की अलख जगी थी।
अठारह सौ सत्तावन में
गाँव-गाँव रोटी पहुँची थी
अठारह सौ सत्तावन में...

[गायक मंडली के नेपथ्य में प्रस्थान के साथ ही मंच पर अंधकार।]

दृश्य : चौदह

[लेखिका पर प्रकाश। बगल में रखी एक पुस्तक हाथ में उठाते हुए दर्शकों से।]

लेखिका : सन् 1857 का स्वाधीनता संग्राम असफल हो गया तो इसका कारण यह था कि अभी भारत में राष्ट्रीयता की भावना का पूरी तरह से विकास नहीं हुआ था। इसीलिए

बहुत से राजाओं, नवाबों तथा रियासतों ने क्रांतिकारियों का साथ नहीं दिया।...सिंधिया और अन्य मराठे राव-राजे...कश्मीर के राजा गुलाब सिंह...पंजाब की रियासतें ...नेपाल के राणा जंगबहादुर...हैदराबाद का निंजाम आदि अनेक राजे-रजवाड़े अंग्रेज़ों के ही सहायक रहे।...दक्षिण भारत लगभग शांत रहा।

(क्षणिक विराम)

स्वाधीनता संग्राम के नेता 31 मई 1857 को पूरे भारत में एक साथ क्रांति का बिगुल बजाना चाहते थे...किंतु चर्बीवाले कारतूसों से बेचैन सिपाहियों ने विद्रोह का सूत्रपात पहले ही कर दिया...मंगल पाण्डे इसके नायक थे किंतु इस सैनिक विद्रोह ने अंग्रेज़ों को सतर्क कर दिया और उन्होंने बहुत ही बेरहमी से इस विद्रोह को कुचल डाला।

(क्षणिक विराम)

...इस प्रकार भारतीय स्वतंत्रता का पहला आंदोलन अपरिपक्व शिशु की तरह काल-कवलित हो गया।...लाखों हिंदुस्तानी मारे गए...स्त्री, पुरुष, बच्चे सभी अंग्रेज़ों की विजयी फौज़ के क्रोध का शिकार हुए।...गाँव के गाँव जला दिए गए।...नील का अत्याचार कुख्यात है।...जिन हिंदुस्तानी सिपाहियों पर विद्रोह का शक हुआ, उन्हें घेर-घेर कर मारा गया।...लूट-पाट भी खूब हुई।

(क्षणिक विराम)

इंगलैंड में जब सत्तावन के विद्रोह के समाचार पहुँचे तो कंपनी के शासन नीति की खूब आलोचना हुई। ईस्ट इंडिया कंपनी का शासन समाप्त कर दिया गया...और हिंदुस्तान में इंगलैंड की महारानी विक्टोरिया का शासन शुरू हुआ।

[उपयुक्त संगीत के साथ मंच पर अंधकार।]

दृश्य : पंद्रह

[हैट, कोट, पैंट, टाई आदि विदेशी वस्त्रों से विभूषित विदूषक मंच पर आता है। हाथ में रूल है और चाल

में साहबी अकड़। चारों ओर हिकारत भरी नजरें घुमाते हुए सीधे दर्शकों से संबोधित होता है।]

विदूषक : **(दर्शकों से)** एईऽऽऽ ज़मीन पर हगनेवाला काला लोग!...यूऽऽऽ स्लेव!...सन ऑफ ए बिच!...गोरा लोग से दूर बइठेगा...घोड़ा-बग्घी पर नहीं चढ़ेगा। फर्स्ट क्लास कंपार्टमेंट में सफ़र नहीं करेगा।...माल रोड पर नहीं घूमेगा।...गोरी मेम साहब को आँखें फाड़ कर नहीं देखेगा।...अंडरस्टैंड ...वरना मार-मार के चमड़ी उधेड़ देगा...

[लेखिका और निर्देशक अलग-अलग दिशाओं से विदूषक को ढूँढ़ते हुए मंच पर प्रवेश करते हैं।]

लेखिका : विदूषक जी...विदूषक जी...!

निर्देशक : विदूषक जी...कहाँ मर गया ससुरा?

लेखिका : अरे विदूषक जी...

निर्देशक : विदू...

[यकायक नज़र विदेशी पोशाक पहने विदूषक पर जाती है।]

(विस्मय से) अरे यह तो...

[लेखिका भी चकित-सी देखती हुई, उसके पास जाती है।]

लेखिका : अरे विदूषक जी, आप तो वो...क्या कहते हैं...अंग्रेज़ी में?...हाँ बिल्कुल क्लाउन लग रहे हैं...

विदूषक : **(चीखकर)** शटआऽऽऽप! खबरदार जो अंग्रेज़ों को क्लाउन कहा।

लेखिका : **(हड़बड़ाकर)** म...मैं अंग्रेज़ों को नहीं, तुम्हें कह रही हूँ विदूषक भाई...

विदूषक : **(अकड़कर)** और मैं अंग्रेज़ हो गया हूँ।...क्या समझीं? मुझसे अड्डा मत लेना। अंग्रेज़ों की हुकूमत में सूरज नहीं डूबता। इंगलैंड में डूबता है तो इंडिया में निकलता है और इंडिया में सूरज डूबता है तो सीधे इंगलैंड में निकलता है।...इंगलैंड-इंडिया...इंडिया-इंगलैंड...

निर्देशक : अबे इंगलैंड के बच्चे! मैंने तुम्हें ख़ानसामा बनने के लिए कहा था और तुम बन गए क्लाउन।

विदूषक : क्यों? क्या दावत का सीन है?

निर्देशक : अरे यार! तुम्हें हर समय दावत की ही सूझती है।

विदूषक : संस्कृत नाटक का विदूषक अब तक न जाने क्या-क्या खा चुका होता।

लेखिका : **(मुस्कराकर)**...और थोड़ा रोमांस भी कर चुका होता।

निर्देशक : **(व्यंग्य से)** ये भी काफी कुछ खा चुके हैं।

विदूषक : क्या? क्या खा चुका हूँ?

निर्देशक : **(झल्लाकर)** भेजा! अच्छा अब तुरंत मंच से प्रस्थान कर जाइए महोदय, अगला दृश्य मंचित करना है।

विदूषक : **(चिढ़कर)** ठीक है।

[पाँव पटककर चल देता है।]

अजीब डायरेक्टर है! न सीन को स्टैबलिश होने देता है और न कैरेक्टर को।...मेरा क्या?...नाटक फ्लाप होगा तो खुद रोएगा।

[नेपथ्य में जाता है।]

निर्देशक : **(लेखिका से)** हाँ लेखिका जी अब बताओ...

लेखिका : बताना क्या? सीधे सीन देखते हैं।

निर्देशक : **(कुछ सोचकर)** ओ. के.। **(लाइटिंग बूथ की ओर देखकर)** लाइट्स ऑफ।

[प्रकाश सिमिटकर मात्र निर्देशक पर रह जाता है।]

(ऊँची आवाज में) सीन नं. 16...राष्ट्रीय जागृति और स्वराज्य के लिए प्रयत्न।

[निर्देशक भी अँधेरे में गुम हो जाता है।]

दृश्य : सोलह

[तीन विभिन्न मंच स्थलों पर, तीन अलग-अलग समूह अपने-अपने क्रियाकलापों के साथ। एक स्थल पर अभिनय कार्य-व्यापार होने पर अन्य स्थलों के समूह जड़वत् एवं अंधकार में।]

समूह-एक (कुछ देशभक्त युवक)

युवक-1 : ...जो काम बुलेट नहीं कर सकती, वह बुलेटिन करती है। इसलिए हमें सशस्त्र क्रांति का विचार त्याग कर जन-जागरण अभियान चलाना चाहिए।

युवती-1 : ठीक कहते हो दादा। अठारह सौ सत्तावन का हाल तो मालूम ही है।...किस बेरहमी से देशभक्त क्रांतिकारियों का दमन किया गया।...हमारे बंगाल के किसानों ने भी सन् 1860-62 में नील की खेती करनेवाले अंग्रेज़ ज़मींदारों के अत्याचारों से तंग आकर हथियार उठाए थे लेकिन क्या हाल हुआ उनका? कितनी अमानवीय यातनाएँ दी गईं उनको? कितनी नृशंसता से किसानों के विद्रोह को कुचला गया?

युवक-1 : हाँ, यदि जनता जाग्रत होती, समाज में चेतना होती, उनमें राष्ट्रीयता की भावना होती तो क्या यह संभव था कि नौ हज़ार छः सौ किलोमीटर दूर समुद्र पार से आए मुट्ठी भर अंग्रेज इतने बड़े मुल्क पर शासन कर पाते?

युवक-2 : प्लासी की लड़ाई जीतने के बाद लार्ड क्लाइव सिर्फ दो सौ गोरे और पाँच सौ हिंदुस्तानी सिपाहियों के साथ मुर्शिदाबाद आया था। बाद में उसने खुद इंगलैंड की पार्लियामेंट में बयान दिया था कि..."नगर के लोग जो उस समय तमाशा देख रहे थे, कई लाख तो अवश्य होंगे और यदि वे चाहते तो लकड़ियों और पत्थरों से ही मार-मार कर हम योरोपियनों को वहीं खत्म कर सकते थे।"

युवती-2 : ठीक ही तो कहा उसने। हम भारतीयों ने अपने स्वाभिमान को...अपनी आत्मा को किस हद तक कुचल जाने दिया है।

युवक-2 : ऐसे ही अवध के नवाब वाज़िद अलीशाह या फिर दिल्ली के बादशाह बहादुरशाह को गिरफ्तार करके जब ले जाया जा रहा था तो रास्तों के दोनों ओर लाखों की तादाद में लोग खड़े आँसू बहा रहे थे। यदि वे एकजुट होकर अंग्रेज़ों पर टूट पड़ते तो हिंदुस्तान का इतिहास, कुछ और ही होता।

युवक-1 : कोई भी क्रांति तभी सफल होती है, जब उसके पीछे जनता भी जाग्रत हो। जनता को जगाने के लिए समय और धैर्य चाहिए। फिर हमारे यहाँ अशिक्षा, भूख और ग़रीबी भी तो कितनी है।

युवती-1 : दादा फिर हम लोगों को क्या करना चाहिए?

युवक-2 : जनता को कैसे जगाया जाए?

युवक–1 : हमें जनता के बीच जाना होगा। उनके साथ सभाएँ-मीटिंग करनी होगी। उन्हें बताना होगा...गुलामी का मतलब क्या है। अंग्रेज़ किस प्रकार हमारा सर्वनाश कर रहे हैं। देश को आज़ाद कराने के लिए...गुलामी से मुक्ति पाने के लिए...अंग्रेज़ों को मार भगाने के लिए...हमें एकजुट होना पड़ेगा।

युवक–2 : समाचार-पत्र और पत्रिकाएँ भी खूब निकालने होंगे ताकि जनता को देश-दुनिया के बारे में पता चल सके। साथ ही हमारे उद्देश्य और गतिविधियों की जानकारी भी उन्हें मिल सके।...हालाँकि कलकत्ता का 'हिंदू पैट्रिआट' और 'अमृत बाज़ार पत्रिका' अच्छा काम कर रहे हैं। मद्रास का 'हिंदू' और लाहौर का 'ट्रिब्यून' भी अपनी भूमिका अच्छी तरह निभा रहे हैं पर यह पर्याप्त नहीं है।

युवक–1 : आप लोग अपने ही जैसे लोग तैयार करिए...गाँव-गाँव, शहर-शहर जाइए...संगठन खड़ा करिए...जैसे कि कलकत्ता में हम लोगों की इंडियन एसोसिएशन या फिर पूना की सार्वजनिक सभा...(**उठ खड़ा होता है**) अच्छा मित्रो...तो फिर वन्दे मातरम्।

सभी : (**खड़े होकर**) वन्दे मातरम्।

[मंच अंधकार में।]

समूह–दो

[इंडियन नेशनल कांग्रेस के कुछ सदस्य जो शिक्षित हैं तथा जो सार्वजनिक कार्य शौकिया रूप से करते हैं।]

सदस्य–1 : हाँ भाई, सुनाओ...तुम्हारी इंडियन नेशनल कांग्रेस का पहला अधिवेशन जो बंबई में हुआ, उसमें क्या हुआ?

सदस्य–2 : हमारी कहिए जनाब।...दिसंबर 1885 का वह महीना शानदार था। मौसम भी खुशगवार था। विभिन्न प्रांतों से करीब बहत्तर लोग शामिल हुए।...सुरेन्द्रनाथ बनर्जी, महादेव गोविन्द रानाडे, फिरोजशाह मेहता, दादा भाई नौरोजी, गोपाल कृष्ण गोखले और बदरुद्दीन तैय्यब जी तो अधिवेशन की शान थे ही।

सदस्य–1 : अफ़सोस मैं न जा सका। कमबख़्त ऐन मौके पर जुकाम हो गया।

सदस्य–3 : आपकी नाज़ुकमिज़ाजी के क्या कहने? खिड़की से झाँक लिया तो जुकाम हो गया।...ज़रा आसमान की ओर देख लिया तो गर्दन में मोच आ गई।

[सभी ठहाका लगाते हैं।]

सदस्य–1 : उड़ा लीजिए मज़ाक मेरा।...उड़ा लीजिए। लेकिन यह तो बताइए अधिवेशन में तय क्या हुआ?

सदस्य–2 : उमेशचन्द्र बनर्जी सभापति थे। तमाम प्रांतों से आए विभिन्न लोगों ने अपने विचार रखे कि इंडियन नेशनल कांग्रेस का क्या स्वरूप होना चाहिए? क्या उद्देश्य होना चाहिए? सरकार तक अपनी आवाज़ पहुँचाने के लिए संस्था को किस तरह कारगर बनाया जाए?

सदस्य–3 : कुल मिलाकर अगर संक्षेप में कहा जाए तो मुख्य रूप से तीन उद्देश्य सामने आए—पहला, ब्रिटेन में जो लोग भारत के साथ सहानुभूति रखते हैं, उनसे जान-पहचान और मित्रता बनाना। दूसरा भारत की शासन प्रणाली में सुधार कराने के लिए प्रयत्न और तीसरा सरकारी पदों में अधिक से अधिक संख्या में भारतीयों को नियुक्त कराना।

सदस्य–1 : यानी कि अधिवेशन मीनिंगफुल रहा।

सदस्य–2 : हाँ, सिर्फ मिलने-जुलने, चर्चा करने से बेहतर है...कि प्रेक्टकली कुछ काम भी हो।

[समूह दो अंधकार में]

समूह–तीन

[क्रांतिकारी विचारधारा के लोग]

एक : मुझे ऐसे कागज़ी शेरों से सख़्त नफरत है, जो अख़बारों में लेख...बयान देकर...सभा-मीटिंग करके या फिर सरकार को कुछ प्रस्ताव भेज करके...अपने कर्तव्यों की इतिश्री समझ लेते हैं।

दो : देश को आज़ाद कराने के लिए हमें एक न एक दिन हथियार तो उठाने ही होंगे।

तीन : अंग्रेज़ ज्यादती करते हैं...तो हमें उनको सबक सिखाना ही होगा।

चार : इसीलिए तो क्रांतिकारी मंडलियों को संगठित करने का कार्य बड़ी तेजी से किया जा रहा है।

एक : हाँ, श्याम जी कृष्ण वर्मा, प्रथम मित्र और स्वामी विवेकानंद तो इस कार्य में दिन-रात जुटे हुए हैं।

दो : परिणाम भी अच्छे आ रहे हैं।...वारीन्द्र घोष, विनायक सावरकर, हरदयाल जैसे साहसी और बुद्धिमान लोग संगठन से जुड़ रहे हैं।

तीन : बंगाल में जिस तेजी से राष्ट्रीय चेतना फैल रही है उससे अंग्रेज सरकार के कान भी खड़े हो रहे हैं। कोई ताज़्जुब नहीं कि जल्दी ही दमन चक्र शुरू हो जाए।

एक : होने दो, इससे डर कर हम क्रांतिकारी अपनी योजनाएँ बंद नहीं कर देंगे।

[एक युवती तेजी से भागती हुई उनके पास आती है...उसका सीना धौंकनी की तरह ऊपर-नीचे हो रहा है।]

युवती : वरुण दा...वरुण दा गजब हो गया...

[सभी घबड़ाकर उठ खड़े होते हैं।]

सभी : अरी क्या हुआ?
क्या हुआ?
क्या हुआ जुनाकी?

युवती : **(हाथ में पकड़ा हुआ अख़बार दिखाती है)** भारत के वायसराय लार्ड कर्जन ने बंग-भंग कर दिया।

सभी : **(अवाक् रह जाते हैं)** बंग-भंग!

[युवक-1 जल्दी से अख़बार छीनकर पढ़ने लगता है, बाकी सब भी उसके पीछे अख़बार के ऊपर झुक जाते हैं।]

युवती : बंगाल के दो टुकड़े किए जाएँगे। एक हिस्से में पूर्वी बंगाल और असम तथा दूसरे हिस्से में पश्चिमी बंगाल और बिहार को रखा जाएगा।

[युवक एक अख़बार की ख़बर पढ़ने के बाद गुस्से से तिलमिलाकर उसके टुकड़े-टुकड़े कर देता है।]

युवक-1 : मैं अच्छी तरह से जानता हूँ लार्ड कर्जन ने ऐसा क्यों किया।

युवक-3 : क्यों किया कर्जन ने ऐसा?

युवक-1 : हम बंगालियों में जो राष्ट्रीय भावना जोर पकड़ रही है...उसे खंडित करने के लिए।

युवक-4 : लेकिन ऐसा होगा नहीं। ज़मीन के टुकड़े बँट जाने से...दिल भी टुकड़े-टुकड़े हो जाए, ऐसा ज़रूरी नहीं। असम हो, बिहार हो, पूर्वी या पश्चिमी बंगाल हो...कुल मिलाकर देश तो एक ही है।

युवक-1 : लार्ड कर्जन को हम लोग अच्छा सबक सिखाएँगे। आज से अंग्रेज़ी माल को...सामान को कोई हाथ नहीं लगाएगा। हम सिर्फ स्वदेशी वस्तुओं को ही अपनाएँगे।

युवती-1 : स्वदेशी से प्यार करो। अंग्रेज़ी का बहिष्कार करो।

सभी : **(एक स्वर में)** स्वदेशी से प्यार करो। अंग्रेज़ी का बहिष्कार करो।

[अन्य समूह भी विरोध में उठ खड़े होते हैं। मंच पर प्रकाश।

अलग-अलग समूह, विभिन्न धाराओं की तरह जुलूस निकालते हुए एक साथ सम्मिलित होकर नारे लगाते हुए प्रेक्षागार में दर्शकों के वीच से गुजरते हैं।]

एक : स्वेदशी...

सभी : अपनाना है।

एक : अंग्रेज़ी...

सभी : भगाना है।

एक : कर्जन का बंग-भंग...

सभी : अंग्रेज़ों से मोह भंग।

एक : देश के टुकड़े करनेवालो...

सभी : शर्म करो...शर्म करो।

[नारे लगाते हुए प्रेक्षागार से बाहर चले जाते हैं। मंच पहले ही अंधकार में डूब चुका है।]

दृश्य : सत्तरह

[लेखक पुनः प्रकाश में।]

लेखक : उन्नीसवीं सदी के प्रारंभ से ही जहाँ एक ओर देश में विभिन्न राजनैतिक विचारधाराओं, क्रांतिकारी गतिविधियों, नरम और उग्र विचारों की सुगबुगाहट रही...वहीं अनेक धार्मिक

और सामाजिक सुधारों के प्रयास किए गए। शिक्षा और जागृति के लिए कार्य हुए। नए साहित्य का भी सृजन हुआ।

(क्षणिक विराम)

बंगाल में राजा राममोहन राय ने ब्रह्म समाज की स्थापना की। सती प्रथा, बाल-विवाह तथा जाति भेद का विरोध किया। विधवा विवाह और स्त्री शिक्षा पर भी बल दिया। बंगाल में ही रामकृष्ण परमहंस और उनके शिष्य स्वामी विवेकानंद आदि ने सामाजिक कुरीतियों, धार्मिक आडंबरों का विरोध तथा राष्ट्रीय चेतना के लिए महत्त्वपूर्ण कार्य किया।

(क्षणिक विराम)

महाराष्ट्र में परमहंस सभा और प्रार्थना सभा तथा उत्तरी भारत में स्वामी दयानंद का योगदान भी सराहनीय रहा। ...सर सैयद अहमद खाँ ने मुस्लिमों को शिक्षित करने की दिशा में प्रयास किए।

...वास्तव में यह भारत का नव जागरण काल था जिससे जनता जाग्रत हुई।

(क्षणिक विराम)

स्वदेशी आंदोलन लगातार जोर पकड़ रहा था।...कांग्रेस नरम और गरम दल में बँट गई थी। क्रांतिकारी दल भी अधिक संगठित और उग्र होते जा रहे थे।

...हमारी कमजोरियाँ अपनी जगह थीं...एक तरह से हम दोहरी गुलामी में जी रहे थे...

[लेखक अंधकार में।]

दृश्य : अठारह

[गायक मंडली मंच पर कोरस में गुलामी का गीत गाते हुए आती है।]

गायक मंडली : एक गुलामी गोरों की
एक गुलामी अपनों की
एक गुलामी घर-बाहर की

एक गुलामी अपनों की
ये है हिंदुस्तान
अपना देश महान्

जाति-पाँत और छुआछूत में
हम जकड़े हैं सदियों से
ब्राह्मण, ठाकुर, वैश्य-शूद्र के
लफड़ों में हैं सदियों से
ये है हिंदुस्तान
अपना देश महान्

ठाकुर का ये मंदिर है
ब्राह्मण उसका रखवाला
ठाकुर का ये कुआँ है
खबरदार जो मुँह डाला
ये है हिंदुस्तान
अपना देश महान्

हम अमीर हैं तुम ग़रीब हो
इसीलिए बेगार भरो
सिर पर मैला ढोते जाओ
भाग्य लिखा स्वीकार करो
ये है हिंदुस्तान
अपना देश महान्

भाई का भाई दुश्मन है
आपस में है फूट पड़ी
गद्दारों की करतूतों से
आज गुलामी गले पड़ी
ये है हिंदुस्तान
अपना देश महान्।

[गायक मंडली गीत गाने में तल्लीन है। विदूषक मंच पर प्रवेश करता है। कुछ पल वह गीत की लय का, सिर हिलाते हुए आनंद लेता है फिर यकायक चीख

पड़ता है।]

विदूषक : चोऽऽऽप...अरे चोऽऽऽप।

[गीत बंद हो जाता है। गायक और गायिका हड़बड़ाए से विदूषक के पास आते हैं।]

गायक : क्या हुआ विदूषक भाई?

विदूषक : **(जैसे दूर क्षितिज की ओर देखते हुए)** जहाज़...

गायिका : **(आश्चर्य से)** जहाज़?

विदूषक : पानी का जहाज़।

गायक : अरे तो इसमें कौन-सी बड़ी बात हुई?

गायिका : हाँ विदूषक भाई, बंदरगाह में तो कोई न कोई पानी का जहाज़ आता ही रहता है।

विदूषक : **(अपनी ही धुन में)** बैरिस्टर।

दोनों : **(कुछ न समझते हुए)** बैरिस्टर?

विदूषक : एक बैरिस्टर आ रहा है दक्षिणी अफ्रीका से...जिसने अंग्रेज़ों से जम कर लोहा लिया।

गायक : हिंदुस्तानी है?

विदूषक : पक्का...। काठियावाड़ के पोरबंदर कस्बे का। नाम मोहनदास करमचंद गाँधी। हिंदुस्तान से मैट्रिक। विलायत से बैरिस्टरी। ...मगर विलायत में रहने के बाद भी कभी मांस-मदिरा को हाथ नहीं लगाया। पक्का शाकाहारी...

गायक : फिर तो कमाल का आदमी होगा?

गायिका : हाँ भय्या। वरना गोरी मेम और साहबों की सोहबत में बचा है आज तक कोई?

[दोनों हँसते हैं।]

गायक : पर ये तो बताओ विदूषक भाई कि बैरिस्टर साहब दक्षिण अफ्रीका कैसे पहुँच गए?

विदूषक : अजीब घामड़ हो। बिना मुक़दमे के बैरिस्टर भला कहीं क्यों जाएगा? देखो मियाँ गोरों ने तो पूरी दुनिया में पाँव पसार रखे थे। दक्षिण अफ्रीका में सोने की खानों, खेत-खलिहानों, कल-कारखानों में काम करने के लिए मज़दूरों की ज़रूरत थी। हिंदुस्तान से सस्ते मज़दूर भला कहाँ मिलते? सो जहाज़ों में भर-भर कर लाद ले गए ये अंग्रेज़ मुए। बहुत से लोग बिजनेस के लालच में भी चले गए...लेकिन अंग्रेज़ उन पर जुल्म ढाते, ज्यादती

करते...अत्याचार करते। गाँधी ने यह सब देखा तो भारतीयों को संगठित करके सत्याग्रह शुरू कर दिया।

गायक : **(विस्मय से)** सत्याग्रह?

गायिका : ये क्या बला है?

विदूषक : गोरों से लड़ने के लिए गाँधी का हथियार।

गायक : भला ये कैसा हथियार हुआ?

गायिका : हम तो लाठी, डंडा, बल्लम, भाले, तीर-तलवार, जूता-लात, तोप-बंदूक यही हथियार देखते-सुनते आए हैं।

गायक : ये सत्याग्रह नाम का हथियार कहाँ से पैदा हो गया?

विदूषक : सत्याग्रह यानी सत्य का आग्रह अहिंसा द्वारा। गाँधी ने यही हथियार चुना अंग्रेज़ों के अन्याय और अत्याचार से लड़ने के लिए।

गायिका : मुझे तो कुछ खाक समझ में नहीं आया।

गायक : तेरी समझ में कुछ आएगा भी नहीं। हाँ तो विदूषक भाई फिर क्या हुआ?

विदूषक : ...तो भय्या गाँधीजी ने शुरू किया सत्याग्रह।...अब गोरों ने लाठी, डंडा, गोली सब चलाई पर कोई टस-से-मस नहीं हुआ। आगे की पंक्ति के लोग घायल हो जाते तो स्वयंसेवक उन्हें उठा ले जाते। नए लोग सीना तान कर फिर सामने आ जाते...ये सिलसिला चलता रहा...कई जगह...कई दिन...किसी ने उफ तक न की...और न ही किसी ने पलट कर वार किया...धैर्य और सहनशीलता के इस अनोखे हथियार से अंग्रेज़ घबरा गए...आखिरकार उन्हें सत्याग्रहियों के आगे झुकना पड़ा...उनकी कई बातें माननी पड़ीं।

गायक : यह तो सचमुच अजीबोग़रीब बात हुई।

गायिका : तो क्या गाँधी यहाँ भी अंग्रेज़ों के खिलाफ़ यही हथियार इस्तेमाल करेंगे?

गायक : अंग्रेज़ों के अत्याचार यहाँ कोई कम हैं?

विदूषक : अब देखो क्या होता है। गाँधी है तो विलक्षण आदमी।

गायिका : **(यकायक एक ओर इशारा करती हुई चिल्लाती है)** अरे-अरे देखो जहाज़ नज़दीक आ गया...

गायक : कितनी भीड़ लगी है, उसे देखने के लिए...कई बड़े नेता भी हैं।

गायिका : वह जो दुबला-पतला आदमी हाथ हिला रहा है...जहाज के डेक से...कहीं वही तो नहीं है गाँधी?

विदूषक : बिल्कुल वही।

[पृष्ठभूमि से "वेलकम गाँधी...वेलकम...वेलकम गाँधी-वेलकम...गाँधी ज़िंदावाद...गांधी-जिंदाबाद।" के नारे उभरते हैं...इसके साथ ही मंच का प्रकाश मद्धिम होता है। साइक पर सिल्हवेट में दक्षिण अफ्रीका से लौटे गाँधी और उनके स्वागत में एकत्र भीड़ नारे लगाती हुई, जुलूस की शक्ल में जाती दिखाई देती है।]

[क्रमशः मंच पर अंधकार।]

दृश्य : उन्नीस

[अख़बार बेचनेवाले दो हॉकर हाँक लगाते हुए मंच की विभिन्न दिशाओं से निकलकर अखबार लहराते हुए प्रेक्षागार में दर्शकों के बीच घूमते हैं।]

हॉकर-1 : आज की ताज़ा खबर।

हॉकर-2 : आज की ताज़ा खबर।

हॉकर-1 : बिहार के किसानों पर निलहे साहबों का अत्याचार।

हॉकर-2 : गाँधी का सत्याग्रह।

हॉकर-1 : गाँधी का सत्याग्रह।

हॉकर-2 : निलहे साहबों ने घुटने टेके।

हॉकर-1 : किसानों को राहत।

हॉकर-2 : आज की ताज़ा ख़बर।

हॉकर-1 : आज की ताज़ा ख़बर।

हॉकर-2 : प्रथम विश्व युद्ध शुरू।

हॉकर-1 : प्रथम विश्व युद्ध शुरू।

हॉकर-2 : जर्मनी का पलड़ा भारी।

हॉकर-1 : युद्ध के खर्चों के लिए नए टैक्स।

हॉकर-2 : लड़ाई में भारतीय फौज़ें भी जाएँगी।

हॉकर-1 : रंगरूटों की भर्ती शुरू।

हॉकर-2 : युद्ध के बाद भारतीयों को अधिकार मिलेंगे।

हॉकर-1 : गाँधी ने कहा अंग्रेज़ों की मदद करनी चाहिए।
हॉकर-2 : क्रांतिकारी अंग्रेज़ों को मदद के खिलाफ़।
हॉकर-1 : भारतीय सिपाही बहादुरी से लड़े।
हॉकर-2 : जर्मन फौजें पीछे हटीं।
हॉकर-1 : अंग्रेज़ों की नीयत में खोट।
हॉकर-2 : रौलट एक्ट लागू।
हॉकर-1 : जनता में आक्रोश।
हॉकर-2 : गाँधीजी के नेतृत्व में सत्याग्रह आंदोलन शुरू।
हॉकर-1 : काले क़ानून का विरोध।
हॉकर-2 : जलियाँवाला बाग में विशाल सभा।
हॉकर-1 : जलियाँवाला बाग में विशाल सभा...
हॉकर-2 : जलियाँवाला बाग में विशाल सभा...

[दोनों हॉकर्स हाँक लगाते हुए प्रेक्षागार के बाहर निकल जाते हैं।]

[मंच अंधकार में डूब चुका है।]

दृश्य : बीस

[मंच आलोकित होने पर जलियाँवाला बाग में रौलट एक्ट के विरोध में एक विशाल सभा का दृश्य। चारों ओर जनसमूह...स्त्री-पुरुष, युवा-वृद्ध। एक ऊँचे स्थान से एक नेता का ओजस्वी भाषण हो रहा है। भीड़ मंत्रमुग्ध-सी सुन रही है। बीच-बीच में नारे भी।]

नेता : जर्मनी से लड़ाई छिड़ी तो गोरों ने कहा...लड़ाई में हमारा साथ दो, हम जर्मनी की तानाशाही और साम्राज्यवाद के खिलाफ लड़ रहे हैं। दुनिया में लोकतंत्र के लिए लड़ रहे हैं।...गोरों ने कहा, लड़ाई के बाद हिंदुस्तानियों की ज़िम्मेदारीवाला शासन लागू किया जाएगा।...
और इस तरह न केवल लड़ाई का तमाम खर्च हमसे वसूला गया बल्कि हमारे नौजवान सिपाही भी मोर्चों पर भेजे गए और अब लड़ाई जीत लेने के बाद अंग्रेज़ अपने वादे से मुकर गए...अपना वादा पूरा करने के बजाए

उन्होंने हम पर क़ानून लाद दिया। रौलट एक्ट लागू कर दिया...जिसका मतलब है...किसी भी मामले में, बिना अदालत में पेश किए नज़रबंदी...जेल।

भीड़ : **(नारे लगाती है)** काला क़ानून—मुर्दाबाद। काला क़ानून—मुर्दाबाद।

नेता : ...ये गोरे...ये फिरंगी...ये अंग्रेज़, अब जिसे चाहेंगे जेल भेज देंगे।...हमें न्याय की गुहार करने का मौका भी नहीं मिलेगा।...हम ऐसे काले क़ानून का विरोध करते हैं।

भीड़ : **(नारे लगाती है।)** काला क़ानून—रद्द करो।...काला क़ानून रद्द करो...रौलट एक्ट खत्म करो...रौलट एक्ट खत्म करो।

[एक सँकरे रास्ते से हथियारबंद गोरखे और बलूच सिपाहियों के दस्ते मार्च करते हुए सभा स्थल पर आते हैं। भीड़ में थोड़ी बेचैनी और हलचल मच जाती है।]

भीड़ के लोग–1 : आ गए...आ गए...

भीड़ के लोग–2 : हथियारबंद सिपाही आ गए...

भीड़ के लोग–3 : बलूच और गोरखे दोनों ही हैं।

नेता : **(भीड़ से)** आप लोग शांतिपूर्वक बैठे रहिए।...वे लोग कुछ नहीं करेंगे। हम गाँधीजी के बताए रास्ते पर चलेंगे।...हम शांतिपूर्वक अपनी बात सरकार तक पहुँचाना चाहते हैं।

[जनरल डायर और कैप्टन ब्रिग्स उसी सँकरे रास्ते से अंदर आते हैं। भीड़ में फिर हलचल और कानाफूसी।]

भीड़ के लोग–1 : जनरल डायर आ गया...

भीड़ के लोग–2 : डायर आ गया...

भीड़ के लोग–3 : कैप्टन ब्रिग्स भी साथ है।

भीड़ के लोग–4 : फौज़ और उनके अफ़सरों का यहाँ आने का मतलब?

भीड़ के लोग–5 : हाँ, यहाँ कोई दंगा-फसाद तो हो नहीं रहा है?

जनरल डायर : **(ब्रिग्स से)** रास्ता बहुत सँकरा है...बख़्तरबंद गाड़ियाँ अंदर नहीं आ सकतीं...वरना हमारी मशीनगनें आसानी से इनका सफाया कर देतीं।

[हथियारबंद फौज़ की एक और टुकड़ी अंदर आती है। अपने हथियार ताने हुए है।]

जन. डायर : **(एक पैनी नज़र चारों ओर डालते हुए)** खैर...हमारे सशस्त्र सैनिक भी काफी होंगे।

भीड़ के लोग–1 : देखो-देखो...

भीड़ के लोग-2 : सिपाही इधर बंदूक तान रहे हैं।

भीड़ के लोग-3 : डरो मत।

भीड़ के लोग-4 : वे सिर्फ अपनी ड्यूटी अदा कर रहे हैं।

[भीड़ में कुछ हड़बड़ाहट...बेचैनी।]

नेता : हमारा रास्ता सत्य, अहिंसा और न्याय का है...शांति का है।

[सिपाही पोजीशन लेते हैं। भीड़ के कुछ लोग उठ कर इधर-उधर भागने को होते हैं।]

जन. डायर : (दहाड़कर) फाऽऽऽयर...

[बंदूकें आग उगलने लगती हैं...बदहवासी में जान बचाने के लिए इधर-उधर भागते लोग छटपटाकर गिरने लगते हैं...चीख-पुकार और गोलियों के धमाकों से पूरा माहौल दहशतज़दा हो जाता है...देखते ही देखते लाशों के ढेर लग जाते हैं। अनेक लोग जान बचाने के लिए एक ओर कुएँ में कूद जाते हैं...मंच रक्तरंजित हो चुका है।]

जन. डायर : ब्रिटिश गवर्नमेंट के खिलाफ़ आवाज़ उठाने की यही सज़ा है बास्टर्ड।

[लाशों के ढेर पर हिकारत की नज़र डालते हुए जनरल डायर बाहर निकल जाता है। उसके पीछे कैप्टन ब्रिग्स और फौज की टुकड़ियाँ भी जाती हैं।]

[करुण संगीत के साथ गायक-गायिका दर्द से भीगा अलाप लेते हैं।]

गायक : मानवता गुम-सुम हुई,
इतिहास है सन्न...
निहत्थों की भीड़ और
गोली दन-दन-दन...

[एक बूढ़ी औरत हाथ में लालटेन लिए अपने बेटे की तलाश में बदहवास-सी आती है...लाशों के ढेर में, लालटेन की मद्धिम रोशनी में अपने बेटे के चेहरे को पहचानने की कोशिश करती है...अंततः एक लाश पलटने पर, उसके मुँह से निकली दर्दनाक चीख सन्नाटे को भेद देती है।]

बूढ़ी औरत : हाय...पुतराँ...

[लाश से लिपटकर फफक पड़ती है।]

गायिका : एक और पन्ना जुड़ा
काला कालिखदार
जलियाँवाले बाग का
ख़ूनी नर संहार।

[क्रमशः मंच अँधेरे में डूब जाता है।]

[कुछ पल गायिका के करुण अलाप के स्वर वातावरण को बोझिल बनाए रहते हैं, फिर सब कुछ शांत।]

दृश्य : इक्कीस

[अख़बार लहराते हुए हॉकर्स पुनः हाँक लगाते हुए प्रगट होते हैं।]

हॉकर-1 : दिसंबर 1919।

हॉकर-2 : अमृतसर में काँग्रेस का अधिवेशन।

हॉकर-1 : महात्मा गाँधी द्वारा एक नए आंदोलन की शुरुआत।

हॉकर-2 : असहयोग...असहयोग...असहयोग

हॉकर-1 : महात्मा गाँधी ने कहा—अंग्रेज़ हम पर हुकूमत इसलिए करते हैं, क्योंकि हम उन्हें सहयोग देते हैं।

हॉकर-2 : गोरों के साथ अब और सहयोग नहीं।

हॉकर-1 : सरकारी नौकरियाँ छोड़ दो।

हॉकर-2 : अंग्रेज़ी स्कूल, कॉलेजों का बहिष्कार करो।

हॉकर-1 : राष्ट्रीय विद्यापीठों की स्थापना।

हॉकर-2 : भारतीय भाषाओं को प्रोत्साहन।

हॉकर-1 : स्वदेशी वस्तुओं और हाथ के बने कपड़ों का इस्तेमाल।

हॉकर-2 : विदेशी कपड़ों की होली...

[हॉकर नेपथ्य में जाते हैं। विभिन्न दिशाओं से छोटे-छोटे समूहों में लोग आते हैं और मंच के बीचों-बीच विदेशी कपड़ों का ढेर लगा देते हैं। कुछ एक लोग अपने शरीर पर पहने हुए कपड़ों को भी उतार फेंकते हैं।]

एक : जला दो...

दो : फूँक दो...

तीन : विदेशी कपड़ों को...

सभी : (एक स्वर में) आग लगा दो...

[एक व्यक्ति जलती हुई मशाल से कपड़ों के ढेर में आग लगाने का अभिनय करता है। कपड़ों के ढेर पर सुर्ख सुलगता प्रकाश।]

[पृष्ठभूमि से कोरस के स्वर उभरते हैं।]

कोरस : वन्दे मातरम्...वन्दे मातरम्
वन्दे मातरम्...वन्दे मातरम्

[मंच पर उपस्थित भीड़ भी कोरस के स्वर में अपने स्वर मिलाती है। दोनों हॉकर अख़बार लहराते हुए सुर्खियों की हाँक लगाते हुए पुनः प्रवेश करते हैं और मंच से नीचे प्रेक्षागार में दर्शकों के बीच उतर जाते हैं।]

हॉकर–1 : प्रिंस ऑफ बेल्स का बायकाट।

हॉकर–2 : सरकारी अदालतों का बहिष्कार।

हॉकर–1 : मोतीलाल नेहरू, चक्रवर्ती राजगोपालाचारी, राजेन्द्र प्रसाद, चित्तरंजन दास, बल्लभ भाई पटेल और जवाहर लाल ने वकालत छोड़ी।

हॉकर–2 : सुभाष चन्द्र बोस ने भी सरकारी नौकरी से त्याग पत्र दिया...

हॉकर–1 : आज की ताज़ा ख़बर।

हॉकर–2 : आज की ताज़ा ख़बर।

[दोनों हॉकर हाँक लगाते हुए प्रेक्षागार के बाहर जाते हैं।]

[मंच पर खड़ी भीड़ जुलूस की शक्ल में नारे लगाती हुई मंच का चक्कर लगाती है।]

एक : हिन्दू-मुस्लिम एकता...

सभी : ज़िंदाबाद।

एक : ख़िलाफ़त आंदोलन...

सभी : ज़िंदाबाद।

एक : काँग्रेस...

सभी : ज़िंदाबाद।

एक : भारत माता की...

सभी : जय।

एक : अग्रज़ी हुकूमत...
सभी : मुर्दाबाद।
एक : अंग्रेजी हुकूमत।
सभी : मुर्दाबाद।
एक : महात्मा गाँधी की...
सभी : जय।

[पुलिस के सिपाही तेजी से प्रवेश कर जुलूस पर लाठियाँ बरसाते हैं। जुलूस अविचलित-सा नारे लगाता रहता है।]

दो : हर जोर-जुल्म की टक्कर में...
सभी : असहयोग हमारा नारा है।
दो : लाठी-गोली की सरकार...
सभी : नहीं चलेगी—नहीं चलेगी।
एक : असहयोग करो-असहयोग करो...
सभी : अंग्रेज़ों से असहयोग करो।

[क्रमशः सभी अपने स्थान पर जड़वत् (फ्रीज्ड) हो जाते हैं।]

[अख़बार बेचनेवाले दोनों हॉकर पुनः प्रेक्षागार में प्रवेश कर हाँक लगाते हुए मंच की ओर बढ़ते हैं।]

हॉकर-1 : हज़ारों लोग गिरफ्तार।
हॉकर-2 : तमाम नेता जेल में।
हॉकर-1 : चौरी-चौरा में हिंसा...
हॉकर-2 : किसानों की भीड़ ने थाने में आग लगाई।
हॉकर-1 : आधा दर्जन पुलिसवाले ज़िंदा जले।
हॉकर-2 : गाँधीजी दुखी।
हॉकर-1 : आंदोलन वापस।
हॉकर-2 : गाँधी को जेल।
हॉकर-1 : छः साल की कैद।

[हॉकर नेपथ्य में जाते हैं।]

[मंच पर अंधकार]

दृश्य : बाईस

[विदूषक, सर जान साइमन एडवोकेट की भोंडी नकलवाली पोशाक पहने मंच पर आता है। उसकी चाल में विलायती अकड़ है। होंठों में दवे पाइप से रह-रहकर धुआँ उगलता है और एक हाथ में पकड़ी दूरबीन से चारों ओर देखता जाता है।
उसके साथ ही विलायती वेशभूषा और चाल-ढाल में गायक तथा गायिका सहयोगी के तौर पर हैं। लेखिका और निर्देशक हिंदुस्तानी मुलाजिमों की तरह विनम्र भाव से उनके पीछे।
लेखिका, सर साइमन के ऊपर रंग-बिरंगी छतरी ताने है। निर्देशक बगल में फाइलों का गट्ठर दबाए है।]

विदूषक : (पाइप से गहरा कश लेकर दूरबीन से चारों ओर देखते हुए)...ये इंडिया हाऽये?

गायिक-गायिका : यस मिस्टर साइमन।

विदूषक : अच्छा हाय...अच्छा हाय। हम देखेगा...ये इंडियन अपना हुकूमत खुद चलाने के क़ाबिल हुआ है या नहीं?

गायक : अभी तो इनको ड्रेसअप होना भी नहीं आता मि. साइमन। (हँसता है)

गायिका : यस मि. साइमन...कइसा-कइसा कपड़ा पहनता है ये हिंदुस्तानी लोग...(मुँह पर हाथ रख कर हँसती है।) हुकूमत कइसे चलाएगा?

लेखिका : (मुँह बिचकाकर) गँवार।

निर्देशक : जाहिल।

गायक : मि. साइमन इनका जो नेता है वह तो खाली लँगोटी पहनता है।

विदूषक : ओ यस! (पाइप से धुआँ खींच कर उगलता है) लंडन में हमने सुना था...ह्वाट ए फनी मैन।

[सभी हँसते हैं।]

[पृष्ठभूमि से साइमन कमीशन के विरोध में जुलूस के स्वर उभरते हैं।]

जुलूस के स्वर : साइमन वापस जाओ।
साइमन गो बैक।

साइमन वापस जाओ।
साइमन गो बैक।

लेखिका : (मुस्कराकर) हुजूर साइमन साहब खिसक लीजिए...

निर्देशक : हिंदुस्तानियों को यह पसंद नहीं कि आप उनके बारे में कोई फैसला करें...

विदूषक : हू केयर्स फार दीज़ ब्लडी इंडियंस...ज़मीन पर हगनेवाला लोग...

[यकायक निर्देशक भड़ककर अपने बगल में दबा फाइलों का गट्ठर जमीन पर पटक देता है।]

निर्देशक : अबे चोऽऽप...। बहुत हो गया...उतार ये कपड़े...सीन इज ओवर...(ऊँची आवाज़ में) कास्ट्यूम चेंज...

[विदूषक हड़बड़ाकर अपना गाउन सम्हालता हुआ नेपथ्य की ओर भागता है। उसके पीछे गायक और गायिका भी हँसते हुए जाते हैं।]

[लेखिका और निर्देशक सहज भाव से मुस्कराते हुए दर्शकों की ओर मुखातिब होते हैं।]

लेखिका : साइमन कमीशन हिंदुस्तान में आया तो बहुत उम्मीद से था किंतु जहाँ-जहाँ भी वह गया, उसे घोर विरोध का सामना करना पड़ा।

निर्देशक : तीस अक्टूबर सन् 1928 को साइमन कमीशन के विरोध में लाहौर में भी एक जुलूस निकला...पंजाब केसरी लाला लाजपत राय के नेतृत्व में...

[लाला लाजपत राय के नेतृत्व में साइमन कमीशन के विरोध में जुलूस नारे लगाता हुआ मंच पर आता है। लेखिका और निर्देशक भी जुलूस में शामिल हो जाते हैं। नौजवान बढ़-चढ़ कर नारे लगा रहे हैं।]

एक नौजवान : वापस जाओ...वापस जाओ...

भीड़ : साइमन कमीशन वापस जाओ।

एक नौजवान : वापस जाओ...वापस जाओ...

भीड़ : साइमन कमीशन वापस जाओ...

दूसरा नौजवान : साइमन—

भीड़ : गो बैक।

दूसरा नौजवान : साइमन—

भीड़ : गो बैक।

[सामने से पुलिस दल आता है। पुलिस सुपरिंटेंडेंट स्काट उसकी अगुवाई कर रही है।]

स्काट : एई रुक जाओ...फौरन इधर से वापस लौट जाओ। साइमन कमीशन तुमहारा दुश्मन नई है...साइमन कमीशन हिंदुस्तान की भलाई के वास्ते आया है।

[भीड़ उसकी बात पर ध्यान नहीं देती और नारे दुगने जोश में लगाती है।]

नौजवान एक : साइमन...

भीड़ : गो बैक। गो बैक।

नौजवान दो : वापस जाओ-वापस जाओ।

भीड़ : साइमन वापस जाओ।

स्काट : (क्रोध से) ये लोग ऐसे नहीं मानेगा...(सिपाहियों से) लाठी चार्ज।

[पुलिस जुलूस पर लाठियाँ बरसाती है...भीड़ में भगदड़ मचती है।]

ला. लाजपत राय : अरे-अरे! क्या कर रहे हैं आप लोग? निहत्थे और अहिंसावादी जुलूस पर आक्रमण? यह सरासर अन्याय है...अत्याचार है...अमानवीय है...

स्काट : (चीखकर) शटअप!

[स्काट लालाजी को लाठी मारता है जो उनकी छतरी पर लगती है...वह फिर मारता है...इस बार चोट लालाजी के सीने पर लगती है।

कुछ नौजवान जल्दी से लालाजी को घेर कर उन्हें बचाने का प्रयास करते हैं लेकिन तब तक लालाजी के कंधे और छाती पर कई चोटें लग जाती हैं। लालाजी कराहकर भूमि पर गिर पड़ते हैं।]

लालाजी : ...मारो जितना मार सकते हो मारो...लेकिन याद रखो ...मेरे बदन पर पड़ी लाठी की एक-एक चोट ब्रिटिश साम्राज्य के क़फ़न की कील होगी...

[सब कुछ जैसे जड़वत् हो गया हो...समय जैसे रुक गया हो...दृश्य स्थिर हो जाता है।]

[मंच पर अँधेरा।]

दृश्य : तेईस

[प्रेक्षागार के पिछले दरवाजों से वही दो हॉकर्स चीखते-चिल्लाते अख़बार लहराते प्रेक्षागार का चक्कर लगाते हैं।]

हॉकर–1 : लाला लाजपत राय का देहांत।

हॉकर–2 : लाहौर में पुलिस अधिकारी स्काट के धोखे में सैंडर्स की हत्या...

हॉकर–1 : भगतसिंह ने केंद्रीय असेंबली में बम फेंका।

हॉकर–2 : देश भर में क्रांतिकारी युवकों की गिरफ्तारियाँ।

हॉकर–1 : आजन्म कारावास।

हॉकर–2 : फाँसी...

हॉकर–1 : फाँसी।

[मंच के पृष्ठ भाग में फाँसी के फंदे लटके दिखाई देते हैं। कैदियों की पोशाक में क्रांतिकारी आहिस्ते-आहिस्ते फंदों की ओर बढ़ते हैं। गायक मंडली फाँसी का गीत गाती हुई मंच के एक कोने में प्रगट होती है।]

गायक मंडली : **(ओजस्वी स्वरों में गाती है)**

हँसते-हँसते चूम लेंगे,
फाँसी के फंदों को हम।
देश ये आज़ाद हो,
ख़्वाहिश रहेगी मरते दम।

अब ये मिट्टी ये हवा,
और ये प्यारा वतन,
है तुम्हारे ही हवाले...
स्वर्ग से न्यारा वतन।

सौ जनम कुर्बान हों,
ख़्वाहिश रहेगी मरते दम।
देश ये आज़ाद हो,
ख़्वाहिश रहेगी मरते दम।

लहरों पे तूफ़ान सा,
धरती पे चट्टान सा,
पर्वतों की चोटियों पर...
चाँदी-सा दप-दप वतन।

ये वतन आज़ाद हो,
ख़्वाहिश रहेगी मरते दम
देश ये आज़ाद हो
ख़्वाहिश रहेगी मरते दम...

बदनुमा धब्बा गुलामी का
मिटाना है हमें
छीन करके ज़ालिमों से
राज लाना है हमें

ये अँधेरे दूर हों
ख़्वाहिश रहेगी मरते दम...
देश ये आज़ाद हो
ख़्वाहिश रहेगी मरते दम...

[क्रांतिकारी फाँसी के फंदों को होंठों से चूमते हैं, माथे से लगाते हैं और गर्व से सीना ताने, फंदों को अपनी गर्दनों में डाल लेते हैं।]

[मंच पर अंधकार।]

[अँधेरे में कुछ पल गायक मंडली की रोमांचित करनेवाली आवाज़ें गूँजती रहती हैं तत्पश्चात् सब कुछ शांत।]

[पुनः प्रकाश लौटने पर वही दोनों हॉकर अख़बार लहराते हुए दिखाई देते हैं।]

हॉकर-1 : दिसंबर 1929—काँग्रेस का लाहौर अधिवेशन शुरू।

हॉकर-2 : पं. जवाहर लाल नेहरू सभापति।

हॉकर-1 : सम्मेलन की अभूतपूर्व घोषणा।

हॉकर-2 : पूर्ण स्वतंत्रता प्राप्त करना, काँग्रेस का ध्येय।

हॉकर-1 : 26 जनवरी 1930 को भारत में स्वतंत्रता दिवस मनाया

जाएगा।

हॉकर–2 : महात्मा गाँधी के नेतृत्व में नमक सत्याग्रह आरंभ।

[हॉकर चीखते–चिल्लाते प्रेक्षागार के बाहर जाते हैं। मंच पर क्रमशः प्रकाश फैलने पर, गायक–गायिका के साथ कुछ अन्य खद्दरधारी एक ओर तेजी से जाते दिखाई देते हैं।]

[विदूषक उनके पीछे भागते हुए आता है। उसकी पोशाक बदल चुकी है, अब वह खद्दरधारी है।]

विदूषक : अरे बंधु कहाँ चले?

गायक : अरे यार टोको मत जल्दी में हूँ।

विदूषक : (गायिका से) देवीजी कुछ आप ही लालटेन दिखलाइए।

गायिका : अरे भय्या, किस दुनिया में रहते हो? तुम्हें यह भी नहीं पता सब लोग नमक कानून तोड़ने के लिए दांडी जा रहे हैं...महात्मा गाँधी के साथ।

विदूषक : (अचकचाकर) क्यों भाई क्यों?...अरे भाई क्यों?

गायक : सरकार ने नमक पर टैक्स जो लगा दिया है।

गायिका : गाँधीजी कहते हैं जैसे हवा-पानी पर हमारा अधिकार है, वैसे ही नमक पर भी है।

गायक : नमक जैसी चीज पर टैक्स लगा देने से ग़रीबों पर कितना बोझ पड़ेगा।

विदूषक : हाँ यह तो है।

गायिका : इसीलिए गाँधीजी दांडी जाएँगे और क़ानून तोड़ कर नमक बनाएँगे।

विदूषक : फिर तो हम भी चलेंगे।

गायक : चलो भाई चलो...दांडी मार्च।

[सभी नारे लगाते हुए चल पड़ते हैं।]

विदूषक : भारत माता की...

सभी : जय हो।

विदूषक : महात्मा गाँधी...

सभी : ज़िंदाबाद।

विदूषक : नमक क़ानून...

सभी : मुर्दाबाद...

विदूषक : नमक क़ानून...

सभी : मुर्दाबाद।

[नारे लगाता हुआ जुलूस नेपथ्य में जाता है इसी के साथ मंच का प्रकाश मद्धिम होता है।]

[साइक पर आगे गाँधीजी और पीछे जनसमूह छाया नाटक (शैडो प्ले) शैली में दांडी मार्च करते हुए दिखाई देते हैं।]

[अंततः मंच पर सम्पूर्ण अंधकार।]

दृश्य : चौबीस

[लेखिका पर प्रकाश।]

लेखिका : 12 मार्च 1930 को 79 स्वयंसेवकों के साथ गाँधीजी ने साबरमती से 200 मील दूर दांडी समुद्र तट के लिए प्रस्थान किया था और 6 अप्रैल 1930 को एक मुट्ठी नमक उठा कर गाँधीजी ने नमक क़ानून तोड़ा था।...इसके साथ ही सरकारी क़ानून को चुनौती देते हुए पूरे देश में लोगों ने नमक बनाना और बेचना शुरू किया। सरकार ने भी नमक आंदोलन को बेरहमी से कुचलने में कोई कसर नहीं छोड़ी। गाँधीजी ने इसे गुंडा राज कहा।

(क्षणिक विराम)

3 मई सन् 1930 को गाँधीजी ने वायसराय को पत्र लिखा कि वे धरासणा के सरकारी नमक कारखाने पर धावा बोलने जा रहे हैं। अगले ही दिन गाँधीजी को गिरफ्तार कर लिया गया।

(क्षणिक विराम)

26 जनवरी 1931 के दिन 30 अन्य काँग्रेसी नेताओं के साथ गाँधीजी को रिहा किया गया।...फरवरी में गाँधीजी और लार्ड इरविन के बीच समझौता हुआ।...सविनय अवज्ञा आंदोलन समाप्त हुआ।

समझौते के अनुसार गाँधीजी गोलमेज कांफ्रेंस में भाग लेने लंदन गए...लेकिन यह कांफ्रेंस विफल रही क्योंकि इसमें विभिन्न वर्ग समुदाय के हितों का प्रतिनिधित्व करनेवाले लोग तो थे किंतु संपूर्ण भारत के हित की बात

करनेवालों का अभाव था। गाँधीजी चाहते थे सभी भारतीय एकमत होकर देश के हित में अपनी माँगें पेश करें।

(क्षणिक विराम)

इधर हिंदुस्तान में लार्ड विलिंग्टन नया वायसराय बना।. ...उत्तर-प्रदेश, उत्तर-पश्चिम सीमा प्रांत, और बंगाल में फैली अशांति से घबड़ाकर उसने तीनों प्रांतों में नए अध्यादेश जारी किए।...जवाहर लाल नेहरू और ख़ान अब्दुल ग़फ्फ़ार खाँ गिरफ्तार कर लिए गए।...28 दिसंबर 1931 को गाँधीजी भारत लौटे। सत्याग्रह पुनः शुरू हुआ। ...4 जनवरी 1932 को सरदार पटेल के साथ गाँधीजी को गिरफ्तार कर बिना किसी मुकदमे के यरवदा जेल में बंदी बना लिया गया।

[लेखिका अंधकार में।]

दृश्य : पच्चीस

[गाँव की चौपाल में कुछ ग्रामीण बैठे अलाव ताप रहे हैं। साथ ही हुक्का भी पिया जा रहा है। एक ग्रामीण घबड़ाया हुआ भाग कर आता है।]

ग्रामीण–1 : दद्दू गजब हो गया।

ग्रामीण–2 : क्यों क्या हुआ?

ग्रामीण–1 : गाँधीजी ने जेल में ही आमरण अनशन शुरू कर दिया।

ग्रामीण–2 : आमरण अनशन?

अन्य ग्रामीण : मगर क्यों, भाई क्यों?

ग्रामीण–1 : लो इतना भी नहीं समझते ! अरे भाई गोलमेज़ कांफ्रेंस में तो अंग्रेज़ों की दाल गली नहीं। सो उन्होंने एक नई चाल चली। इंगलैंड के प्रधानमंत्री...क्या नाम है उनका ...हाँ रैमजे मैकडानल्ड...तो मैकडानल्ड साहब ने कम्युनल एवार्ड यानी सांप्रदायिक निर्णय दे दिया।

ग्रामीण–3 : ये कौन-सी मुसीबत है?

ग्रामीण–1 : अरे भाई हमारे देश में जो विविधता में एकता है, अंग्रेज़

उसे छिन्न-भिन्न कर देना चाहते हैं। वह हमारे देश और समाज को इतने टुकड़ों में बाँट देना चाहते हैं कि हमारा आंदोलन बिखर जाए...

ग्रामीण–4 : ...और वह हम पर सदियों शासन करते रहें। अरे भाई फूट डालो और राज करो की इनकी नीति तो जग जाहिर है।

ग्रामीण–1 : ठीक कहते हो भाई। मैकडानल्ड साहब ने मुसलमानों की तरह अछूतों और सिखों के लिए भी अलग निर्वाचन मंडल बनाने का निर्णय लिया है। गाँधीजी को यह बात देशहित में ठीक नहीं लगती इसीलिए उन्होंने आमरण अनशन शुरू कर दिया।

ग्रामीण–2 : बादशाह अकबर ने हिंदू-मुस्लिम एकता का जो बीज बोया था, वह समय के साथ पौधा बनकर लहलहाने लगा था। अंग्रेज़ अब उस पौधे के रेशे-रेशे को अलग कर देना चाहते हैं।

ग्रामीण–3 : बिल्कुल यही बात है। अरे दद्दू सदियों से विभिन्न संप्रदाय, वर्ग और धर्म के लोग अपने देश में भाई-भाई की तरह रहते चले आ रहे थे। अब आए दिन दंगे होने लगे हैं।

ग्रामीण–4 : मुस्लिम लीग के जिन्ना साहब कहते हैं...मुसलमान एक अलग जाति और राष्ट्र हैं, उन्हें विशेष अधिकार दिए जाएँ।

ग्रामीण–5 : अंग्रेज़ चाहते हैं भारत के अन्य संप्रदाय, वर्ग और धर्म के लोग भी इसी तरह की माँग करें ताकि झगड़े हों, फसाद हो। देश के टुकड़े-टुकड़े हो जाएँ और वे अपना उल्लू सीधा कर सकें।

अन्य ग्रामीण : लेकिन हम ऐसा नहीं होने देंगे।

[गायक और गायिका निम्न वर्ग के लोगों की वेशभूषा एवं हाव-भाव में अत्यंत संकोच के साथ प्रवेश करते हैं और दूर से ही अभिवादन कर ग्रामीणों के समूह से बिलकुल अलग दूरी पर बैठ जाते हैं।]

गायक : जै रामजी की दद्दा।

गायिका : राम-राम ताऊ।

[ग्रामीण एक उन्हें दूर बैठते देख आग्रहपूर्वक नज़दीक

बुलाता है।]

ग्रामीण-1 : आओ-आओ छोटे, इत्ती दूर काहे बइठ रहे हो? आओ छोटी तुमहूँ हियाँ आओ।

गायक : नाय दद्दा हम हियैं ठीक हैं। आप ठहरे ऊँची जाति के और हम ससुरे नीची जाति के।

गायिका : आपके पास बैठ के आपको धरम नाय बिगाड़िंगे।

ग्रामीण-2 : अरे-अरे ! कैसी बातें कर रहे हो छुट्टन? अब वो ज़माना गया जब जात-पाँत, छुआ-छूत का बोलबाला था।

ग्रामीण-3 : अरे छोटी अब तो हम सब स्वराजी हैं। देश को आज़ाद कराना है।...छोटा-बड़ा, ऊँच-नीच सोचेंगे तो फिर लड़ चुके इन फिरंगियों से।
आओ छुट्टन।

[गायक का हाथ पकड़कर उठाता है।]

तुम भी आओ छोटी...

[गायिका को भी उठाता है। और दोनों को ले जाकर ग्रामीणों के समूह के बीचोंबीच बैठा देता है। यहाँ बैठो...हम सबके बीच।]

[सभी स्वागत करते हैं।]

सभी : हाँ...हाँ...आओ-आओ...बैठो-बैठो।

ग्रामीण-2 : **(हुक्का उसकी ओर बढ़ाता है)** लो हुक्का पियो।...अरे टुकुर-टुकुर क्या देख रहे हो? पियो...पियो...तुम्हारे होंठों से लगने के बाद ही तो इसके तम्बाकू में असली स्वाद आएगा।

ग्रामीण-1 : ठीक कह रहे हो पुत्तन। ...अरे भाई गाँधीजी मलिन बस्तियों में जाते हैं...लोगों की सेवा करते हैं। जब इतने बड़े महात्मा को छूत नहीं लगती तो हमें कैसे लग जाएगी ससुरी?...पियो...पियो छोटे हुक्का पियो...शान से पियो...

[गायक डरते-सहमते हुक्के से कश खींचता है।]

वाह...ये बात हुई न। जानते हो, यरवदा जेल में क्या कहा गाँधीजी ने?

सभी : हाँ-हाँ...बताओ भला क्या कहा।

ग्रामीण-2 : गाँधीजी ने कहा स्वराज्य तो आएगा ही...आज नहीं तो कल आएगा। पर हमारे देश-धर्म और समाज पर यदि

छुआछूत का कलंक लगा रहा तो ऐसे स्वराज का क्या महत्त्व?

गायक : वाह ! क्या बात कही है।

गायिका : ऐसी बात तो गाँधी बाबा ही कह सकते हैं।

ग्रामीण-1 : (भाव विभोर होकर) स्वराज...यानी अपना राज।

ग्रामीण-2 : जहाँ कोई ऊँच-नीच न हो।

ग्रामीण-3 : भेद-भाव न हो।

ग्रामीण-4 : जात-पाँत न हो...छुआ-छूत न हो।

ग्रामीण-5 : जहाँ लोग एक-दूसरे की पीड़ा, दुःख-दर्द, तक़लीफ समझ सकें।

ग्रामीण-1 : जो किसी भी प्रकार के अन्याय, अत्याचार और शोषण से मुक्त हो।

ग्रामीण-2 : जहाँ सत्य और अहिंसा जीवन के सर्वोच्च मूल्य हों।

ग्रामीण-3 : मानवता सबसे बड़ा धर्म हो।

[गायक भाव-विभोर होकर गाने लगता है, गायिका भी उसके सुरों के साथ अपना स्वर मिलाती है।]

गायक-गायिका : वैष्णव जन तो तेणे कहिए जे,
पीर पराई जाणे रे...

[ग्रामीण लोग भी मगन होकर उनके साथ गाने लगते हैं। सारा वातावरण मानवतावादी भक्ति संगीत से सराबोर हो जाता है।]

[क्रमशः मंच अंधकार में।]

दृश्य : छब्बीस

[लेखिका पर क्रमशः प्रकाश उगता है।]

लेखिका : सन् 1937 में प्रांतीय विधान सभाओं के चुनाव हुए। चुनाव में कांग्रेस उम्मीदवारों को शानदार सफलता मिली।... पंजाब, सिंध और बंगाल प्रांतों को छोड़ कर सब जगह उसके मंत्रिमंडल बने।

[छापा प्रभाव में जवाहर लाल, मौलाना आजाद, वल्लभ भाई पटेल आदि के नेतृत्व में काँग्रेसियों का

विजय जुलूस मंच के एक सिरे से निकलकर दूसरे सिरे की ओर गुजरता है।]

जुलूस : काँग्रेस-ज़िंदाबाद।
काँग्रेस-ज़िंदाबाद।
भारत माता की जय हो।
भारत माता की जय हो।

लेखिका : काँग्रेस की इस सफलता से मुस्लिम लीग के मोहम्मद अली जिन्ना को निराशा हुई।

(क्षणिक विराम)

...इधर विश्व राजनीति में हिटलर जर्मनी का तानाशाह बन बैठा था। 1 सितंबर 1939 को जर्मनी ने पौलेण्ड पर आक्रमण कर दिया।...इसके साथ ही द्वितीय विश्वयुद्ध प्रारंभ हो गया। ब्रिटेन और फ्रांस ने पौलेण्ड का साथ दिया।

[एक अन्य स्थल पर प्रकाश। काँग्रेसी नेता आपस में विचार-विमर्श करते हुए दिखाई देते हैं।]

लेखिका : लेकिन इस बार काँग्रेस के नेताओं ने युद्ध में ब्रिटेन को मदद देने के लिए शर्त रखी।...युद्ध समाप्त होते ही भारत को स्वतंत्र करना होगा।

[काँग्रेसी नेता अंधकार में।]

ब्रिटिश सरकार के इंकार पर कांग्रेस मन्त्रिमण्डलों ने इस्तीफ़े दे दिए।

(क्षणिक विराम)

जिन्ना दो कौम-दो राष्ट्रों के अपने सिद्धांत पर अडिग थे।...गाँधी जी बेहद दुखी हुए।

[लेखिका अंधकार में।]

[एक अन्य स्पाट पर महात्मा गाँधी उभरते हैं।]

गाँधी : दो क़ौमों का सिद्धांत असत्य है।...हिंदोस्तान के मुसलमान विभाजन पर जोर दें तो मैं अहिंसा का पुजारी होने के नाते उन्हें रोक नहीं सकता...लेकिन यह एक कौम के रूप में साथ रहने के लिए अनगिनत हिंदुओं और मुसलमानों ने सदियों तक जो काम किये हैं...उसे धूल में मिलाना है।...मेरी आत्मा इस कल्पना के विरुद्ध बगावत करती है कि हिंदुत्व और इस्लाम दो परस्पर विरोधी संस्कृतियों

और सिद्धांतों के प्रतिनिधि हैं।

[प्रकाश लुप्त। गाँधीजी अंधकार में।]

[लेखिका पर पुनः प्रकाश।]

लेखिका : 22 जून 1941 को जर्मन सेना ने रूस पर हमला कर दिया।...अमेरिका भी युद्ध से अपने आप को अलग नहीं रख सका। विश्वयुद्ध और भी भीषण हो उठा।

(क्षणिक विराम)

मार्च 1942 तक जापानी फौज़ें बर्मा को रौंद कर भारत की सीमाएँ लाँघने लगीं।...23 मार्च को ब्रिटिश मंत्रिमंडल के सदस्य स्टैफर्ड क्रिप्स भारत पहुँचे। उन्होंने कहा ब्रिटिश गवर्नमेंट वादा करती है कि युद्ध के बाद भारत को आज़ादी दी जाएगी और अपना संविधान बनाने की छूट भी...लेकिन प्रांतों और देशी राज्यों को नयी सरकार में शामिल होने या न होने की छूट होगी।

[लेखिका अंधकार में।]

[प्रकाश वृत्त में गाँधीजी पुनः उभरते हैं।]

गाँधी : मि. क्रिप्स यह पोस्ट डेटेड यानी भावी तिथि का चेक है अगर आप यही कुछ दे सकते हैं तो मैं आपको सलाह दूँगा कि अगले हवाई जहाज से आप वापस लौट जाएँ...

[प्रकाश वृत्त लुप्त होता है। गाँधी जी अंधकार में।]

[लेखिका पुनः अपने स्थान पर दिखाई देती है।]

लेखिका : कांग्रेस ने भी क्रिप्स के प्रस्ताव को ठुकरा दिया क्योंकि इससे भारत के सिर्फ दो ही नहीं अनेक टुकड़े हो सकते थे।

(क्षणिक विराम)

अंततः काँग्रेस ने अगस्त 1942 में 'अंग्रेज़ो ! भारत छोड़ो' ...'क्विट इंडिया आंदोलन' शुरू किया...

[चारों ओर से 'अंग्रेज़ो ! भारत छोड़ो', 'अंग्रेज़ो ! भारत छोड़ो' के समवेत स्वर उभरते हैं।]

[लेखिका से प्रकाश लुप्त होता है।]

[एक अन्य मंच स्थल पर काँग्रेस कमेटी के सदस्यों को संबोधित करते हुए महात्मा गाँधी पर प्रकाश उगता है।]

गाँधी : ...अब, जब कि मैं...अपने जीवन की सबसे बड़ी लड़ाई

शुरू करने को हूँ...तब भी मेरे मन में अंग्रेज़ों के लिए कोई द्वेष नहीं हो सकता।...लेकिन गुस्से के क्षणों में, वे ऐसा कुछ कर सकते हैं जिससे आपको भी गुस्सा आए...फिर भी आप हिंसा का सहारा नहीं लेंगे...यही मेरी आपसे विनती है।

[दृश्य तेजी से अंधकार में डूब जाता है।]

[लेखिका पर पुनः प्रकाश।]

लेखिका : और ऐसा ही हुआ भी।...सरकार उतावली कर बैठी। ...9 अगस्त की भोर से पहले ही अहिंसा के पुजारी गाँधी बाबा को काँग्रेस कमेटी के सभी सदस्यों के साथ गिरफ्तार कर लिया गया।...लेकिन जेल जाते-जाते गाँधीजी भारतीय जनमानस को यह संदेश देना नहीं भूले कि...स्वतंत्रता के हर अहिंसक सिपाही को मेरा एक ही संदेश है...करो या मरो।

[साइक सुर्ख लाल प्रकाश से सराबोर हो उठता है। चारों ओर शोर-शराबा, हलचल और एक ही स्वर 'अंग्रेज़ो ! भारत छोड़ो।'...'अंग्रेज़ो ! भारत छोड़ो।']

[विभिन्न दिशाओं से छोटे-छोटे समूह नारे लगाते हुए मंच पर आते हैं और एक जुलूस में परिवर्तित हो जाते हैं।]

जुलूस : अंग्रेज़ो ! भारत छोड़ो।
अंग्रेज़ो ! भारत छोड़ो।
अंग्रेज़ो ! भारत छोड़ो।
अंग्रेज़ो ! भारत छोड़ो।

[जुलूस ज़ोर-शोर से नारे लगाता हुआ...मंच से नीचे प्रेक्षागार में दर्शकों के बीच से होता हुआ बाहर निकल जाता है।]

[लेखिका दर्शकों को संबोधित करती है।]

लेखिका : सभी प्रमुख नेता जेल में थे। जनता ने सभी जगह अपनी समझ के अनुसार संघर्ष आरंभ कर दिया।...महायुद्ध में अंग्रेज़ों की स्थिति दयनीय हो रही थी। अंग्रेज़ों के युद्ध प्रयत्नों को विफल बनाने के लिए देशभक्त युवकों ने कितनी ही रेलवे लाइनें उखाड़ फेंकीं।...कितने ही तार और टेलीफोन काटे कितने ही थानों और पोस्ट ऑफिसों

पर कब्जा कर लिया।...कुछ स्थानों पर तो लोगों ने ब्रिटिश शासन का अंत कर आज़ाद सरकारों का भी गठन किया।

(क्षणिक विराम)

महायुद्ध की परिस्थितियों से लाभ उठाने के उद्देश्य से सुभाषचंद्र बोस जेल से भाग निकले और वेश बदल कर अफगानिस्तान के रास्ते जर्मनी और फिर जापान चले गए। उन्होंने आज़ाद हिंद फौज़ का गठन किया।...अंतरिम सरकार बनाई। अन्य देशों से भी सहायता ली और देश को आज़ाद कराने के प्रयत्नों में जुट गए।

(क्षणिक विराम)

लेकिन अमेरिका द्वारा जापान के हिरोशिमा और नागासाकी शहरों में अणुबम गिराए जाने से भीषण विनाश हुआ ...जापान ने घुटने टेक दिए...जर्मनी हार चुका था...आज़ाद हिंद फौज़ की उम्मीदों पर भी पानी फिर गया।

(क्षणिक विराम)

यद्यपि मित्र राष्ट्र लड़ाई जीत गए थे...किंतु ब्रिटेन बहुत कमज़ोर हो गया था।...नेताजी सुभाषचंद्र बोस के प्रयत्न से भारतीय सैनिकों में स्वतंत्रता की जो लहर शुरू हुई थी, वह द्वितीय महायुद्ध में अंग्रेज़ों की विजय के साथ समाप्त नहीं हो गई। 18 फरवरी 1946 को बंबई की नौसेना ने विद्रोह किया और जंगी जहाजों से अंग्रेज़ी झण्डे उतार कर राष्ट्रीय झण्डे फहरा दिए। कलकत्ता, विशाखापट्टनम, मद्रास आदि अन्य स्थानों पर भी नौसैनिक विद्रोह हुआ। चारों ओर के दबावों से मजबूर होकर वाइसराय ने जवाहरलाल नेहरू को अंतरिम सरकार बनाने के लिए आमंत्रित किया। नेहरू ने जिन्ना और लीग के प्रतिनिधियों को सरकार में शामिल होने का प्रस्ताव दिया किंतु जिन्ना ने उसे ठुकरा दिया। यही नहीं जिन्ना द्वारा 16 अगस्त 1946 को सीधी कार्यवाही दिवस के रूप में मनाने की घोषणा से चारों ओर दंगे भड़क उठे...

[साइक रक्तरंजित हो जाता है। जहाँ-तहाँ आग की लपटें उठ रही हैं...दंगाइयों का तांडव और कत्ल होती इंसानियत।]

लेखिका : अकेले कलकत्ता में ही पाँच हज़ार लोग मारे गए और दस हज़ार लोग घायल हुए।

(क्षणिक विराम)

22 मार्च सन् 1947 को लार्ड माउण्टबेटन सत्ता का हस्तान्तरण कराने भारत आए।...15 अगस्त 1947 को देश आज़ाद हुआ किंतु इसके दो टुकड़े हो चुके थे...भारत और पाकिस्तान...। दोनों ही हिस्से लहू-लुहान और खून से लथपथ थे।...हज़ारों की तादाद में शरणार्थी पाकिस्तान से हिंदुस्तान और हिंदुस्तान से पाकिस्तान जा रहे थे...

[लेखिका अंधकार में।]

[साइक पर सुर्मई धुँधलका। धुँधलके में शरणार्थियों के काफ़िले गुजरते दिखाई देते हैं...इधर से उधर...और उधर से इधर...अपने बचे-खुचे परिजनों...सामान के साथ...।]

[पृष्ठभूमि से गायक मंडली के दर्द भरे स्वर उभरकर पूरे वातावरण को विषादयुक्त कर देते हैं।]

गायक मंडली : आज़ादी की...कीमत हमने,
कितनी बड़ी चुकाई है।
देश के दो टुकड़े हुए,
लाखों ने जान गँवाई है।

गायक : आज़ादी का मान भी रखना
प्यारे देश के वासियो !
उनकी शहादत भूल न जाना
भारत के निवासियो !

गायिका : काले पन्ने फिर जुड़ न सकें,
इतिहास हमेशा रखना याद।
क्यूँ पाँव पड़ी थीं बेड़ियाँ?
यह बात हमेशा रखना याद।

[क्रमशः मंच अंधकार में डूब जाता है।]

दृश्य : सत्ताईस

[क्रमशः मंच पर प्रकाश।]

[विदूषक सिर पर एक बक्सा और बगल में एक पोटली दबाए लुटे-पिटे शरणार्थियों की तरह आहिस्ते-आहिस्ते मंच के बीचों-बीच आता है और इस तरह से खड़ा हो जाता है जैसे कोई सीमा रेखा उसके दोनों पाँवों के बीच से गुजर गयी हो।]

[विदूषक का एक पाँव सीमा रेखा के इस तरफ और दूसरा पाँव सीमा रेखा के उस तरफ है। विदूषक कभी ये पाँव उठाता है और कभी वो...लेकिन...न इधर जा पाता है और न उधर...अंततः दर्शकों से हैरानीपूर्वक...]

विदूषक : इधरवाले कहते हैं...ये तुम्हारा मुल्क नहीं है, उधर जाओ। ...उधरवाले कहते हैं, दफ़ा हो जाओ...ये मुल्क तुम्हारा नहीं है।...इधरवाले कहते हैं ये हिंदुओं का है।...उधरवाले कहते हैं, ये मुसलमानों का है। **(फफककर रो पड़ता है।)** न मैं मुसलमान हूँ...न मैं हिंदू हूँ।...मैं तो एक इंसान हूँ। ...फिर...फिर इंसानों का मुल्क कौन-सा हुआ?...मैं कहाँ जाऊँ?...इंसान कहाँ जाएँ?...**(चीख कर)** अरे कोई तो बताओ भय्या!...मैं कहाँ जाऊँ? **(नेपथ्य की ओर जोर से हाँक लगाते हुए)**

डायरेक्टर बाबू !...अरे गायक जी महाराज ! ...लेखिका जी!...अरे ओ सुंदर बाई! अरे कहाँ हो? कुछ तो बताओ...

[विदूषक का क्रंदन सुन कर निर्देशक, गायक, गायिका सभी भागे हुए आते हैं।]

लेखिका : अरे-अरे क्या हुआ?

गायक : क्या हुआ?

गायिका : क्या हुआ भय्या? काहे विलाप कर रहे हो?

निर्देशक : अरे विदूषक ये पोटली और बक्सा लेकर कहाँ जा रहे हो?

विदूषक : **(अपनी ही धुन में)** इधर हिंदुस्तान...उधर पाकिस्तान ...मैं किधर जाऊँ डायरेक्टर साहब?

निर्देशक : (हँसते हुए) अरे विदूषक जी। आपको कहीं भी जाने की जरूरत नहीं है।...नाटक ख़त्म हो गया है।

विदूषक : (हैरानी से) ख़त्म हो गया? **(यकायक आत्मविश्वास के साथ)** अरे डायरेक्टर बाबू नाटक तो अब शुरू हुआ है।

लेखिका : अरे विदूषक जी! वह कैसे?

गायक : हाँ भाई वह कैसे?

गायिका : वह कैसे?

[विदूषक अपने सिर पर रखा बक्सा और बगल में दबी पोटली ज़मीन पर पटक देता है।]

विदूषक : वह ऐसे कि...**(चारों ओर एक नज़र डाल कर)** एऽऽई ...ये देखो...जहाँ से हमने शुरू किया था...

[एक बिंदु से प्रारंभ कर वृत्ताकार दौड़ते हुए, उसी बिंदु पर वापस लौटकर...वहीं पहुँच गये न?]

निर्देशक : **(अचकचाकर)** क्या मतलब?

लेखिका : कोई पहेली बूझ रहे हो क्या?

गायक : हाँ भाई?

गायिका : मामला क्या है?

विदूषक : **(मुस्कराकर)** नहीं समझे? अरे गोबर गणेशो! **(गायक की ढपली छीन कर उस पर ताल देते हुए)**...

व्यापार करने आए थे वो

राज पा गए...

[गायक और गायिका भी उसके साथ गाने लगते हैं।]

गायक-गायिका : हिंदोस्ताँ का तख़्त और ताज़ पा गए...

विदूषक : हाँ...क्या समझे और अब फिर वही बिजनेस के नाम पर मल्टीनेशनल कम्पनीज़ की रेलमपेल...

मैंने कहा सम्हल-सम्हल के रखिए कदमचे पे पाँव...यहाँ बड़े-बड़ों का...

निर्देशक : अबे चोऽऽप...एक ही राग अलापे जा रहा है मल्टीनेशनल ...नाटक समाप्त हो गया है...हमने जो कहना था कह दिया अब दर्शकों को तय करना है कि...

लेखिका : **(यकायक जैसे कुछ याद आ गया हो)** अरे...रे...रे... निर्देशक भाई वह तो रह ही गया...

निर्देशक : **(जैसे कुछ न समझकर)** क्या रह गया?

लेखिका : ...अ...वो...भरत वाक्य...संस्कृत नाटकों की परंपरा के अनुसार क्या हमें भरत वाक्य नहीं कहना चाहिए?...क्यों विदूषक जी !

विदूषक : बिलकुल कहना चाहिए...(दर्शकों की ओर घूम कर) तो फिर प्यारे दर्शकगण ! अब प्रस्तुत है...

सभी : (एक स्वर में) भरत वाक्य !

[विदूषक क्रमशः हाँक लगाता है और मंच पर उपस्थित कलाकार दर्शकों की ओर घूम कर, हाथ जोड़, नतमस्तक हो नमन करते हैं।]

विदूषक : भारत भूमि !

सभी : नमो नमः।

विदूषक : जश्ने आज़ादी !

सभी : नमो नमः।

विदूषक : जनता जनार्दन...

सभी : नमो नमः

विदूषक : नेता-अभिनेता...

[नेपथ्य के अभिनेता भी विदूषक की हाँक के अनुरूप अपना वेश परिवर्तन कर साभिनय क्रमशः धमाकेदार संगीत के साथ मंच पर प्रवेश करने लगते हैं और निर्धारित स्थान पर जड़ होते जाते हैं।]

सभी : नमो नमः।

विदूषक : इंजीनियर-ठेकेदार।

सभी : नमो नमः।

विदूषक : गुंडा-माफिया...

सभी : नमो नमः।

विदूषक : घपला-घोटाला

सभी : नमो नमः।

विदूषक : हवाला-बवाला...

सभी : नमो नमः।

विदूषक : ट्रांसफर-पोस्टिंग...

सभी : नमो नमः।

विदूषक : भाई जी चारा...

सभी : नमो नमः।

विदूषक : परमाणु परीक्षण...

सभी : नमो नमः।

विदूषक : दर्शक गणाय

सभी : नमो नमः।

नमो नमः।

नमो नमः।

[सभी अपने स्थान पर स्थिर और जड़ हो चुके हैं। संगीत उत्कर्ष पर। मंच क्रमशः अंधकार में।]